La conquista de la voluntad

Biblioteca Enrique Rojas

Enrique Rojas

La conquista de la voluntad

Cómo conseguir lo que te has propuesto

ESPASA

Obra editada en colaboración con Editorial Planeta – España

Diseño de la portada: Booket / Área Editorial Grupo Planeta
Ilustración de la portada: © MJgraphics / Shutterstock

Bajo el sello editorial BOOKET M.R.
Avenida Presidente Masarik núm. 111,
Piso 2, Polanco V Sección, Miguel Hidalgo
C.P. 11560, Ciudad de México
www.planetadelibros.com.mx

Primera edición impresa en España Booket: septiembre de 2023
ISBN: 978-84-670-7087-3

Primera edición impresa en México en Booket: mayo de 2024
ISBN: 978-607-39-1304-1

Impreso en los talleres de Litográfica Ingramex, S.A. de C.V.
Centeno núm. 162-1, colonia Granjas Esmeralda, Ciudad de México
Impreso en México - *Printed in Mexico*

Biografía

Enrique Rojas es catedrático de Psiquiatría y Psicología Médica y director del Instituto Español de Investigaciones Psiquiátricas de Madrid. Ha sido Médico Humanista del Año en España. Pertenece al capítulo español del Club de Roma. Ha recibido el Máster de Alta Dirección de España. Sus libros tienen dos vertientes: los *clínicos*, dedicados a las depresiones, la ansiedad, la crisis de pánico, los trastornos de la personalidad y los trastornos de conductas en los adolescentes; y otros de *ensayo y temas humanísticos* sobre la felicidad, la voluntad, el mundo de los sentimientos o el desamor. Ha participado en numerosas ferias del libro en Europa y América, en las que su obra ha tenido una excelente acogida. Ha vendido más de tres millones de libros. Su obra ha sido traducida a numerosos idiomas.

ÍNDICE

A Isabel, mi mujer:
No entiendo la vida sin ti.
Eres parte fundamental de
mi proyecto

PRÓLOGO

Después de treinta ediciones de este *pequeño manual sobre la voluntad* vuelvo a la carga con una edición revisada y aumentada. Releo en estos días mi texto y sigo pensando la enorme importancia que tiene el tema. Son cuestiones imperecederas. Nunca pasan de moda. Siempre están ahí. Se mantienen *sub specie aeternitatis*.

La voluntad es la joya de la corona de la conducta junto con la inteligencia. A ellas se une otra pieza decisiva de nuestra psicología: la afectividad. *Afectividad, inteligencia y voluntad forman un tríptico esencial que nos dirige hacia lo mejor*. De todos los ingredientes que habitan, residen, se hospedan y recorren nuestro patrimonio psicológico, estas tres herramientas se destacan con luz propia.

De la maraña de temas que asoman en este libro, tienen personalidad propia el orden, la constancia, la voluntad y la motivación. Los cuatro constituyen lo que he denominado la *inteligencia instrumental:* aquellas herramientas que potencian, elevan y le hacen dar el salto a la inteligencia hacia posiciones de excelencia. De ese modo ambicionamos una nueva aurora. El tema es urgente. Y constituye la raíz de una persona con una base sólida en su arquitectura, en su *forma exterior*. Luego hay que llenarla de un contenido atractivo, sugerente, fuerte, que no es otra cosa que la *parcela interior*. Lo de fuera y lo de dentro. Ambos se retroalimentan.

El que tiene una voluntad bien educada puede atreverse a escalar el mejor Everest de sus ilusiones. *Con una voluntad fuerte somos enanos a hombros de los gigantes*. Los sueños se hacen realidad. Y las mejores aventuras programadas en nuestra existencia alcanzan la meta deseada. *La educación de la voluntad es una tarea de artesanía psicológica trazada desde el esfuerzo continuado*.

Querido lector, merece la pena. Lee el libro y subraya y anota y muestra desacuerdo con el autor y dialoga con él a través de lo que ahí aparece. La lectura es a la inteligencia lo que el ejercicio físico es al cuerpo.

Madrid, 26 de enero de 2010
A los dieciséis años exactos de haber obtenido
mi Cátedra de Psiquiatría

capítulo
uno

Definición y clases de voluntad

Definición

El estudio de la psicología nos obliga a hacer hincapié y adentrarnos en uno de los pilares de la condición humana: la voluntad. En nuestro patrimonio psicológico hay muchos elementos que configuran una diversidad de contenidos, pero unidos y entrelazados por un mismo motivo: hacer del hombre un ser superior. Para ello son necesarios los requisitos de libertad, afectividad, conocimiento… y, por supuesto, la voluntad.

Etimológicamente, *voluntad* procede del latín *voluntas, -atis*, que significa querer. El origen de este término se remonta al siglo x; después, en el xv, aparece la expresión *voluntario* (del latín *voluntarius*); y también conviene señalar la acepción procedente del latín escolástico, *volitio, -onis*.

Tras esta descripción etimológica de la palabra *voluntad*, hay que decir que esta implica tres cosas: la *potencia* de querer, el *acto* de querer y lo *querido* o pretendido en sí mismo. Desde un punto de vista académico, se pueden establecer dos distinciones: a) la *simplex voluntas*, que se refiere al fin que nos proponemos; y b) *voluntas consiliativa*, objetivo o fin. Estas dos clases de voluntad fueron consideradas respectivamente como *thélesis* y *boulesis* en el pensamiento posescolástico.

En el siglo XIX aparecen dos palabras: *noluntad* y *nolición*, formadas a partir del concepto latino *nolle*: no querer. De toda esta explicación podemos extraer una primera aproximación para definir la *voluntad: aquella facultad del hombre para querer algo, lo cual implica admitir o rechazar*. Hay un primer paso: la apetencia. Incluso hoy, en el lenguaje coloquial de los jóvenes, se emplea con mucha frecuencia: «Me apetece», «No me apetece».

La voluntad consiste, ante todo, en un acto intencional, de inclinarse o dirigirse hacia algo, y en él interviene un factor importante: la decisión. La voluntad, como resolución, significa saber lo que uno quiere o hacia dónde va; y en ella hay tres ingredientes asociados que la configuran en un todo:

1. *Tendencia.* Anhelo, aspiración, preferencia por algo. Su origen etimológico proviene de *tendere*, inclinarse, dirigirse, poner tirante, acción de atender. Constituye una primera fase, que puede verse interrumpida por circunstancias del entorno.
2. *Determinación.* Aquí hay ya distinción, análisis, evaluación de la meta pretendida, aclaración y esclarecimiento de lo que uno quiere.
3. *Acción.* Es la más definitiva y comporta una puesta en marcha de uno mismo en busca de aquello que se quiere.

La tendencia, descubre; la determinación concreta, y mediante la acción aquello se hace operativo. Por eso, *la volun-*

tad consiste en preferir; lo esencial radica en escoger una posibilidad entre varias.

Antes de continuar hay que hacer una distinción muy importante entre las palabras *querer* y *desear*. *Desear* es pretender algo, desde el punto de vista afectivo, sentimental, aquello que se manifiesta en la vertiente cordial de uno, como una especie de meteorito, pero que no deja huella, pues pronto decrece la ilusión que ha provocado en nosotros;[1] *querer* es aspirar a una cosa anteponiendo la voluntad, siendo capaces de concretar y sistematizar esas espigas que aparecen de pronto y piden paso. El *deseo* se manifiesta en el plano emocional y el *querer* en el de la voluntad; el primero se da en el adolescente con mucha frecuencia y no se traduce ni conduce a nada o a casi nada; el segundo se produce, sobre todo, en el hombre maduro y se materializa; tiene capacidad de conducir a la meta mediante ejercicios específicos que se proyectan en esa dirección. *Voluntad es determinación.*

Elegir es anunciar y renunciar

El acto de la voluntad es bifronte, es decir, consiste en un acto de amor y de decisión. Max Scheler, en su libro *Esencia y for-*

---

1. En cierto sentido, el psicoanálisis nació como consecuencia del colapso de la voluntad, con tres amos o elementos principales para Freud: el *ello* (los instintos), el *súper Yo* (las normas morales y sociales) y la *realidad* (el mundo exterior). De ahí que la voluntad esté dominada y dirigida por esas tres instancias de la geometría del *Yo*.

mas de la simpatía,[2] dice que la ley fundamental de la elección afectiva consiste en *sentir lo mismo que el otro*, y cuando se trata de *algo* y no de *alguien*, la respuesta es *el amor*. El propio Stendhal[3] dice que cuando una persona se enamora de otra, la elige para sí, partiendo de la admiración, la esperanza y el estudio de las perfecciones de esa otra persona... Así nace el amor y emerge la primera cristalización; pero, como bien subraya este autor, con frecuencia, en ese análisis sentimental se *exagera una propiedad* del otro, lo cual acabará más adelante por echar a perder ese amor; es decir, la objetividad de los hechos pone de manifiesto que esa persona *se había enamorado del amor* o, dicho de otra manera, *había idealizado en exceso los puntos positivos del otro*.

Se pueden describir varios tipos de amor:

1. El *amor pasión;* por ejemplo, el caso de Eloísa y Abelardo, en el que todo se desarrolla mediante un afecto vibrante, exaltado, vehemente. El entusiasmo preside la relación, intercalada de fervor, ímpetu y cierta enajenación. Desde el punto de vista psicológico, una de sus principales características es que de alguna manera nubla o incluso anula la razón.
2. El *amor placer*, que tanta importancia tuvo en el mun-

---

2. Losada, Buenos Aires, 1950. Véase el apartado «Las leyes fundamentales del amor», pág. 130 y ss., que apuntan a la unificación afectiva.

3. *Del amor*, Alianza Editorial, Madrid, 1973. Es especialmente sugerente el capítulo dedicado al flechazo (pág. 134 y ss.), en el que se pone de manifiesto el impacto que produce otra persona, lo que va a originar una cierta revolución interior, mezcla de sorpresa y arrebato.

do y en la literatura francesa del siglo XVIII. Hoy, en bastante medida, está vigente. Es el amor que aparece mediatizado por la sexualidad e, inevitablemente, en él una persona utiliza como medio de placer a la otra. En sentido estricto tiene poco de amor auténtico, ya que no busca el bien del otro, sino sumergirse y zambullirse en la experiencia de la voluptuosidad sexual; digamos que podríamos denominarlo *amor físico*.

3. El *amor vanidad*. Surge con frecuencia cuando ya han pasado los años juveniles; una persona se pone a prueba, pensando que, a pesar de sus años, aún es capaz de seducir a otra. Tiene mucho de reto personal y del manejo de las artes de la conquista.

4. El *amor sentimental*. Es el mejor de todos, está elaborado desde sentimientos profundos y pensamientos como «no puedo prescindir de esa persona a mi lado». No se concibe la vida sin esa persona, no tiene cabida en el escenario mental propio. Ahí cuadra perfectamente aquella expresión popular: «No entiendo la vida sin ti» o también aquella otra: «Eres mi vida». Por eso, *donde más se retrata el ser humano es en la elección amorosa*.

La motivación

Pero volvamos a nuestro tema: la voluntad. *La esencia de la mejor elección es la satisfacción*. Se vive como gozo el haber escogido, hay alegría tras haber tomado aquella dirección y no otra. Se practica *el acto de ser querido*, el cual conduce a poseerse, a ser plenamente uno mismo, y por lo que uno siente que se inclina hacia lo mejor.

Para que todo lo anterior quede más claro explicaremos las fases de la elección:

1. *Saber el objetivo que pretendemos.* Cuando queremos algo, hay que ser capaz de perfilar muy bien aquello a lo que aspiramos. El adolescente, que aún no está acostumbrado a renunciar —*no sabe decir no*—, quiere abarcar demasiadas cosas y se dispersa, y *la dispersión es la mejor manera de no avanzar, por pérdida de energías.* En cambio, cuando ya hay cierta madurez, uno es capaz de coger papel y lápiz para concretar de forma clara lo que pretende. Sobra decir que no es lo mismo hacer un plan de estudios, en una época relativamente cercana a los exámenes, que modificar la irritabilidad del carácter o intentar ser más ordenado.

2. La *motivación.* Constituye el gran dilema de la voluntad. *La voluntad mejor dispuesta es la más motivada*, la que se ve empujada hacia algo atractivo, sugerente, que incita a luchar por perseguir esa meta lejana, pero alcanzable. El hombre no puede vivir sin ilusiones. Ahora bien, ¿qué temas, qué cuestiones pueden motivar al ser humano? K. B. Madsen, en un libro clásico de psicología, *Teorías de la motivación*, distingue cuatro tipos de teorías:

a) Las *teorías biológicas y materialistas.* Son motivaciones biológicas la sexualidad y lo que de ella se deriva: los placeres de la comida, la bebida, el bienestar por sí mismo.

b) Las *teorías psicológicas.* Centradas en el conductismo, en la llamada psicología cognitiva y el psicoanálisis.

c) Otras, menos relevantes, las *teorías sociales.*

d) Las *teorías culturales*, en las cuales quedarían incluidas las vertientes de los *valores* y todo lo *espiritual*.

Para Freud motivación era *la liberación de los instintos* y la superación de la represión sexual. Para Paul T. Young, el psicólogo norteamericano,[4] la motivación estaba basada en la regulación adecuada entre los estímulos externos y los internos, con relación a las demandas o los apetitos del sujeto. Para Tolman todo se mueve entre un juego que se establece entre a) las *variables independientes*, que son las que inician el comportamiento, y b) las *variables intervinientes*, determinantes para la conducta: la capacidad de cada uno, la forma de pensar, las preferencias y las adaptaciones al medio ambiente.

En Allport la conducta es estudiada en unidades específicas de comportamiento, por eso los motivos se adquieren con la adaptación a la realidad. Por último, mencionaremos a uno de los padres de la psicología moderna, Skinner, quien dice que toda la motivación se establece en una relación de ida y vuelta entre *premios y castigos*; se trata, por tanto, de una teoría radicalmente empírica, apoyada en la observación de la conducta diaria. Pero no hay que olvidar que la línea entre lo que se manifiesta y lo que se oculta no está clara, sino borrosa, desdibujada. Los psiquiatras tratamos de descubrir el porqué de la trayectoria, tanto de fuera como de dentro; es decir, amplificamos la conducta y la estudiamos.

Los *agentes motivadores* son los que *ponen en marcha la*

---

4. No confundirlo con C. G. Jung, discípulo de Freud, que más tarde se separó de él.

voluntad y la hacen realidad, fácil, bien dispuesta, capaz de superar las dificultades, frenos y cansancios propios de ese esfuerzo. Motivación, por tanto, es ver la meta como algo grande y positivo que podemos conseguir; pero desde la indiferencia no se puede cultivar la voluntad. Quizá el problema resida en que muchas metas grandes para el ser humano son excesivamente costosas y con comienzos muy duros. Ahí entra de lleno el tema de los ideales o valores, cuya posesión nos alegra a todos; pero hasta llegar a poseerlos hay que recorrer un camino muy empinado. La paciencia o el autodominio no se consiguen solo pensando en ellos, sino después de una batalla dura con uno mismo, a base de pequeños ejercicios repetidos una y otra vez.

Estar motivado significa *tener una representación anticipada de la meta, lo cual arrastra a la acción.* De ahí emerge buena parte del *proyecto personal* que cada uno debemos tener.

3. La *deliberación.* Es el análisis minucioso de los *medios* y los *fines.* ¿Compensa hacer esto?, ¿vale la pena desgastarse para conseguir esa empresa, ese proyecto, esa mejora en la personalidad, y en el plano de los estudios o a nivel profesional? Lo ideal es que la motivación vaya acompañada de una lección de alguien que sea portador de ese *algo que motiva;* o sea, debemos tener un *modelo de identidad*, una persona a quien imitar, porque nos resulta atrayente, sugestiva, con fuerza y *nos llama la atención* por *ese algo*, punto de partida hacia nuestro cambio.

4. Por último, está la *decisión. Decidirse es querer.* Estas dos últimas etapas son esencialmente racionales, ya que comportan una tarea intelectual de valoración. Sopesar, aqui-

latar, ver despacio el tema, distinguir los diferentes componentes e incluirnos en ese esquema. En definitiva, juzgar, calificando lo que pretendemos. *Todo ser humano se mide y se aprecia por sus determinaciones.* Se marcan estas y después se lucha por cumplirlas. El hombre maduro sabe trazarse objetivos concretos en su vida, pocos pero bien configurados, y más tarde pone todo el empeño en alcanzarlos.

Clases de voluntad

La voluntad, aunque aparezca como un todo, antes ha obedecido a unas intenciones o concepciones; y dependiendo de estas se puede hablar de seis tipos: según la *forma*, según el *contenido*, según la *actitud del sujeto*, según la *meta*, según la *génesis* y según su *fenomenología*.

1. *Según la forma.* Nos encontramos con los siguientes subtipos:

a) La *voluntad inicial*, que es aquella capaz de romper la inercia y poner en marcha la dinámica del individuo hacia el objetivo que aparece ante él; si no hay constancia, vale de muy poco.

b) La *voluntad perseverante*. Por medio de esta ya podemos embarcarnos en empresas más arriesgadas. En ella intervienen elementos como el tesón, el empeño y la firmeza, y se va robusteciendo a medida que esos esfuerzos se repiten. Con una voluntad así se puede llegar a cualquier propósito. Al principio cuesta, pero después, con el hábito de su repetición, produce sabrosos frutos, uno de los cuales es la alegría de vencerse, de insistir, de continuar lo iniciado. *Comenzar supone mucho, pero perseverar es todo.*

c) La *voluntad capaz de superar las frustraciones.* La frustración es necesaria para la maduración de la personalidad, ya que el hombre fuerte se crece en las dificultades, que son superadas a base de *volver a empezar*. No hay que darse por vencido, sino tener capacidad de reacción; de ahí surgen los hombres superiores. Los psiquiatras sabemos mucho de heridas psicológicas, traumas y desengaños, y la vida está repleta de unos y otros. Pero eso son *los retos:* desafíos con uno mismo, a través de los cuales nos probamos y vemos que somos capaces de alcanzar ciertas cimas, si nos lo proponemos seriamente.

d) La *voluntad para terminar bien la tarea comenzada.* El amor por el trabajo bien hecho se compone de pequeños detalles que culminan en una tarea hecha de forma correcta y adecuada. Eso requiere paciencia y laboriosidad, pero entre ellas hay un puente que las une: la *voluntad ejemplar*.

2. *Según el contenido*. Hay mucha materia para este apartado, pero intentaré resumirlo a continuación. Ahora nos interesa el móvil de la voluntad, que puede ser:

a) *Físico*. Pensemos en las dietas modernas de adelgazamiento, que llevan consigo un enorme sacrificio en la comida; el deporte en tantas facetas... o todo lo referente a la estética corporal y facial.

b) *Somático*. Las privaciones necesarias que hay que seguir en ciertas enfermedades para recuperar la salud corporal.

c) *Psicológico.* Una de las tareas más importantes de la psiquiatría es la psicoterapia: el medio por el que el psiquiatra cambia y modifica los mecanismos negativos de la personalidad de un individuo para hacerla más equilibrada y madura, pues encontrarse a sí mismo es la puerta de la felicidad. En otras palabras, hay que tener una personalidad armónica para sentirse bien interiormente. El psiquiatra debe motivar a su paciente para que este cambie, modifique, corrija, gire en su conducta y se dirija hacia posiciones menos neuróticas. El campo de trabajo tiene muchas posibilidades: hacer superar complejos de inferioridad, la inestabilidad emocional, una susceptibilidad a flor de piel o eliminar la tendencia a instalarse en el pasado negativo y no ser capaz de salir de él. Todos estos factores, en un nivel normal, constituyen una base importante y traerán a los paisajes interiores una serenidad muy positiva.

d) *Social.* Por medio de este móvil se pueden conseguir habilidades en la comunicación interpersonal, vencer la timidez o la dificultad de expresarse en público. Hoy, en las grandes ciudades, existe el grave problema de la soledad, el aislamiento, la incomunicación. Todo ello se va haciendo crónico, conduce a tener una *vida depresiva*, muy parecida a la que hay con la depresión clínica, pero que no se cura con medicación, sino con medidas socioterapéuticas.

e) *Cultural.* La cultura hace al hombre más libre *y* con más criterio. Max Scheler decía que la cultura es humanización, un «proceso mediante el cual nos hacemos hombres en medio del pasado histórico y del presente fugaz». Ortega, en *El espectador*, apostilla: «La cultura es un movimiento natatorio, un bracear del hombre en el mar de su existencia». Ser culto es ser rico por dentro, tener más claves para interpretar de forma correcta la vida humana. *Si cualquier filosofía significa meditación sobre la vida, la cultura es el texto eterno que habita en el interior del ser humano*. Por ello, todos los esfuerzos de la voluntad —aunque hoy esta escasea— por avanzar en esa dirección son pocos. Para muchos, casi toda la cultura que hay en sus vidas es la televisión, y esta en el momento actual carece de calidad suficiente.[5]

La cultura es como una segunda naturaleza; eleva por encima de lo inmediato, ayuda a madurar, contribuye al progreso personal. Si no tuviera estos fines, sería una lección intrascendente, divertida, que no despierta, sino que adormece, que no alumbra, sino que deslumbra. El hombre no puede

---

5. Últimamente se ha puesto de moda, con acierto, la expresión *televisión basura*, que contiene en su seno, masivamente, pornografía, sexo fácil, violencia, concursos absurdos y los llamados *reality shows*. Estos últimos merecen un apartado aparte. Estos dramas de la vida real sirven de ganchos de audiencia, convirtiéndose en géneros de moda en las cadenas de todo el mundo. *Este recurso morboso* se aliña a base de un hecho breve, visualizable, lleno de dramatismo, sufrimiento, violencia... ¿Por qué se utiliza? Porque el morbo vende, y su lenguaje nos bombardea con sensaciones más que con ideas. Aquí se cumple otro principio: *la tendencia de la televisión a procurar entretener y hacer pasar el rato a costa de lo que sea*. De ahí que ese caleidoscopio de horrores, ese desfile de situaciones trágicas, no sea otra cosa que *cultivar una curiosidad malsana*.

Interesa la vida ajena convertida en dolor. El telespectador llena su vacío sumergiéndose en escenas patéticas, con lo que uno se queda relativamente tranquilo con su vida, al compararla con lo que está viendo. ¡Qué lejos está todo esto de la cultura! Con esa mediocridad el hombre no llegará muy lejos, pues queda indefenso intelectualmente, siendo fácil presa de la manipulación de cualquier mensaje.

desarrollarse y desplegarse de forma completa si no es a través del conocimiento de sí mismo y del mundo que le rodea en toda su amplitud. *El individuo pegado a la televisión liquida su aspiración cultural con sucedáneos epidérmicos que, a la larga, le dejan vacío.* No sucede lo mismo que con el ideal platónico, para el que la primera aspiración de la cultura era la conquista de uno mismo.[6]

La *cultura* es para el hombre el asidero donde ir una y otra vez a refugiarse, a buscar alimento para su conducta, para saber a qué atenerse. Su fin consiste en ayudarle para que su vida sea más humana, tenga más relieve y le revele sus verdaderas posibilidades. Pero *para educar la voluntad hacia la cultura es menester estimular la inquietud por sus distintas fuentes: la literatura, el arte, la música,* etc., y todo ello al servicio del ser humano, para hacerlo más maduro, completo y con un mejor desarrollo en su totalidad. Sin cultura está uno perdido, sin el equilibrio suficiente. La cultura, como superestructura, se forma de acuerdo con una determinada concepción del hombre, que puede ser variable. De ahí que surjan diversos tipos de cultura: la hedonista, la marxista, la permisiva,

6. El ideal clásico de la cultura empezó siendo aristocrático, para hacerse después contemplativo. Durante la Edad Media se creía que las artes liberales —*Trivium*— eran las que hacían más libre al hombre: la gramática, la retórica y la dialéctica. A la filosofía se la consideraba como algo instrumental de la cultura. El Renacimiento es una vuelta al mundo grecorromano, transitando de una etapa teocéntrica a otra antropocéntrica (pasamos de la idea de *Dios es todo* a otra en la que *el hombre es todo*). La sabiduría deja de ser contemplativa para hacerse activa.

la psicoanalítica, la relativista, etc. Ahora bien, la mejor, la más completa, es aquella que se inspira en las mejores raíces de Europa. Antes de continuar con el tema, quiero subrayar de modo sintético esas bases culturales: el *mundo griego*; de él procede todo el pensamiento filosófico; el *mundo romano*, que nos legó el Derecho y las leyes; el *pensamiento hebreo*, con su amor a las tradiciones, el nuevo concepto de familia y todas las ideas del Talmud y del Zoar, libro que recoge la sabiduría de muchos célebres rabinos; el *cristianismo*, que aportó un nuevo concepto del hombre basado en el amor y en el sentido trascendente; hasta llegar al *Renacimiento*,[7] de una influencia decisiva con el *Quattrocento* italiano y Dante, Boccaccio y Petrarca como figuras más representativas, y el invento de la imprenta por Gutenberg en el siglo XV.

Por tanto, conducir la voluntad hacia la cultura, hacia los valores, es una tarea que hay que saber ofrecer, como *camino hacia la libertad personal y al crecimiento interior.* Este debe ser el móvil, el tirón para acercarnos a todo lo que esté rela-

---

7. En el Renacimiento se fragua lo que será el concepto del hombre europeo, con varias ideas básicas: aparición de la burguesía, el amor a la libertad y el culto a la estética. El gran personaje del siglo XVI es Tomás Moro. Junto a él hay que mencionar a Erasmo de Rotterdam, Pico della Mirandola y Lorenzo Valla. Dos españoles brillan con luz propia: Luis Vives, que explicó en las universidades de Lovaina, Oxford y París temas pedagógicos, morales y filosóficos; y por otra parte, Antonio de Nebrija, que residió en Italia, enseñó gramática en Salamanca y pasó más tarde a la Universidad de Alcalá de Henares, donde colaboró en la elaboración de la *Biblia políglota complutense* y realizó su obra más célebre: la *Gramática de la lengua castellana.*

cionado con lo cultural, no para el lucimiento personal de cara a la galería, sino para ser más dueño de uno mismo. Es más, para mí *no hay felicidad sin amor, trabajo y cultura.*

Kant, en su *Antropología,* decía:

> Niégate la satisfacción de la diversión, pero no en el sentido estoico de querer prescindir por completo de ella, sino en el finamente epicúreo de tener en proyecto un goce todavía mayor [...] que a la larga te hará más rico, aun cuando al final de tu existencia hayas tenido que renunciar en gran parte a tu satisfacción inmediata.

f) Y, por último, la *voluntad espiritual*, aquella que busca los valores naturales y sobrenaturales. *Trascendencia significa atravesar subiendo*, y todo lo que sube converge. Esta voluntad es en la actualidad más necesaria que nunca. *El hombre sin valores vive huérfano de humanismo y de espiritualidad:* es el hombre *light*, al que solo le interesa el sexo, el dinero, el poder, el éxito, el pasarlo bien sin restricciones y la permisividad ilimitada. Por ese camino se suele llegar a *una saturación de contradicciones que desembocan en el vacío.* Es el culto a la tolerancia total, *la permisividad como religión*, cuyo credo es una enorme curiosidad por todo, donde lo importante son las sensaciones dispersas, que desembocan en una *indiferencia por saturación de incoherencias.*

3. *Según la actitud del sujeto.* En este apartado hay que mencionar fundamentalmente tres tipos de voluntad, entre las cuales podrían situarse otras, en sentido cuantitativo.

a) La *voluntad poco motivada*, que ya surge con un rasgo negativo, pues tiene una raíz endeble y no florece la planta.

b) La *voluntad motivada* y la *muy motivada*, según sea el grado e intensidad de la ilusión que se tenga para lanzarse hacia el objetivo propuesto. *La motivación hace que el proyecto personal sea argumental*, que tenga un carácter programático, elaborado por una sucesión de pequeñas superaciones, sobre las que la voluntad se va fortaleciendo, acrisolándose, haciéndose madura. El individuo con este tipo de voluntad sabe lo que quiere y pone de su parte lo necesario para ir poco a poco consiguiéndolo.

4. *Según la meta*. Existen tres tipos de voluntad en este sentido: la *voluntad inmediata* (a corto plazo, de miras cercanas, de resoluciones rápidas), otra *mediata* (a medio plazo) y una a *largo plazo* (muy relacionada con nuestro proyecto). *La felicidad consiste en tener un proyecto de vida coherente y realista, que nos impulsa con ilusión hacia el futuro*. La meta produce ilusión anticipada, de ahí su fuerza. Cada uno tiene estas tres voluntades en su *hoy y ahora*. Unas cuestiones requieren de mí un esfuerzo inmediato, de hoy para mañana o para las próximas semanas; y otras requieren más tiempo y debemos apostar por ellas. La voluntad más lejana solo se da en el hombre singular, con madurez, que ha aprendido a esperar y a sembrar. Ese llegará a la meta propuesta si se apoya en la *constancia*.

5. *Según la génesis*. En tal sentido mencionamos: a) la *voluntad centrífuga*, que va de dentro hacia fuera y que está muy relacionada con el temperamento; y b) la *voluntad centrípeta*, que va de fuera hacia dentro; en esta última, entra de lleno la

educación de cada uno desde la infancia, la adolescencia, el ambiente familiar, así como *el modelo de identidad* en el que se ha inspirado para ir afianzando la personalidad. *El modelo es la imagen con la que uno se va identificando y a la que le gustaría parecerse.* Está constituido por distintos elementos: aspecto externo, tipo de personalidad, actitudes, creencias, valores y contenido interior de esa existencia. Todo esto forma un conjunto, una forma atractiva, que invita a seguir en esa línea. *La identificación es uno de los aspectos más importantes del desarrollo de la personalidad.* Los niños y los adolescentes, que están en pleno proceso de construcción y formación de sí mismos, imitan y quieren parecerse a esas personas que admiran. La raíz es la admiración. Tras la admiración hay un proceso de *aprendizaje* que va a tener matices y vertientes complejas. Más adelante me ocuparé de ello.

6. *Según su fenomenología* nos encontramos con los siguientes tipos:

a) *Voluntad intencional:* que es aquella que *quiere*, que está determinada, a diferencia de aquella otra que está movida solo por estímulos superficiales externos, que no nacen o se inspiran en el *proyecto personal;* se dirige hacia aquello que *motiva* y produce *ilusión*.

b) *Voluntad de aprobación:* que reconoce algo como valioso y decisivo y lo aprueba para sí. Le da una nota positiva. Aquí entra de lleno lo que ocurre en el enamoramiento. Es decir, entre las personas que conozco, o que he conocido, me quedo con la que más me llena.

c) *Voluntad reflexiva:* esta se vuelve sobre sí misma, siendo capaz de meditar en las propias experiencias. Esta tarea intelectual es clave y cuando se sabe hacer, el hombre tiene capacidad para aprender mediante dos elaboraciones sucesivas: *análisis* primero y *síntesis* después.

d) *Voluntad de interesarse:* se da cuando hay curiosidad por la realidad. Procede del latín *inter*, entre, y *esse*, seleccionar. Se escoge entre varias cosas la que más destaca ante uno por alguna cualidad especial.

Todas estas modalidades ofrecen un variado mosaico de posibilidades. Insisto, la voluntad significa nada más y nada menos que la posibilidad de que uno se ponga un objetivo y se lance en su búsqueda y sea capaz de superar los obstáculos que se vayan presentando.

La psicología americana (EE. UU.) lleva cierto tiempo apuntando en esta dirección. Se trata de aspirar a una libertad que sabe a dónde va y que conduce a la consecución de hombres sólidos y coherentes y fuertes en la adversidad, que se crecen ante las dificultades y que saben que no hay empresa que no pueda ser alcanzada cuando se ponen los medios suficientes, diseñados a lo largo de las páginas de este libro.[8]

---

8. Releo en estos días el célebre texto de Tom Peters *Pasión por la excelencia* (Folio, Barcelona, 2008). El autor habla a los empresarios de todos los sectores, pero su mensaje se extiende a cualquier persona que pretenda progresar. En él aparece un catálogo de ejemplos de la vida real, en donde vemos cómo una persona es capaz de crecerse y de levantarse de circunstancias adversas y seguir adelante.

Las pequeñas victorias nos preparan para batallas de más alcance. Cualquier avance te mejora como persona y te capacita para ir a mejor. Necesitamos *modelos de identidad sanos* que nos ayuden a imitarlos y a ir ascendiendo a las mejores cimas que cada uno quiera proponerse.

capítulo
dos

Educación de la voluntad

¿Qué es educar?

La palabra *educar* cobija bajo su seno multitud de significados. Muchos de ellos son incluso imprecisos, si nos atenemos estrictamente a lo que queremos referirnos en este libro. Su etimología nos pone frente a sus referencias más concretas. Deriva del latín *educare*, ir conduciendo de un lugar a otro; y también de *educere*, extraer, sacar fuera. El primer significado subraya un proceso que debe llevarse a cabo paso a paso y que tiene un *sentido dinámico*, algo que se produce en plena movilidad; el segundo se refiere más a los resultados, pero contando con la habilidad del educador, que debe saber sacar el máximo provecho de esa persona, todo lo bueno y positivo que lleva dentro.

Educar es *ayudar a alguien para que se desarrolle de la mejor manera posible en los diversos aspectos que tiene la naturaleza humana.* Las educaciones particulares especifican el sector de que se trata. No es lo mismo la educación sentimental, que la sexual, que la que se refiere a la esgrima, al inglés, al dominio de la voluntad o toda la concerniente al campo cívico. *Educar significa comunicar conocimientos y promover actitudes. Conocimiento* quiere decir que hay una transmisión de información inicial que nos sitúa frente al tema concreto. Eso es mucho y a la vez poco. Pensemos en la educación sexual: uno no aprende a gobernar y a ser dueño de su sexualidad por el único hecho de conocer la anatomía, la fisiología y los demás mecanismos endocrinológicos de su organismo. Necesita, además, que *esa información* se acompañe de una orientación. Esa es la *formación:* dar pautas de conducta adecuadas que nos digan y expliquen con claridad, por ejemplo, para qué sirve la sexualidad, qué se debe hacer con ella... y si es bueno decir que sí a cualquier estímulo sexual que aparezca ante nosotros.

Educar es introducir en la realidad con amor y conocimiento. Es ayudar a alguien a que abra los ojos y enseñarle lo que tiene delante. *Educar es enseñarle al hombre lo que es la vida.* Dos palabras esenciales se desgajan de ese concepto: *¿qué es el hombre?*, por una parte, y *¿qué es la vida?*, por otra. A la primera de ellas quiero dedicar una mención aclaratoria.

El *hombre* es un animal racional compuesto de cuerpo, alma y espíritu. En él hay una serie de ingredientes que lo califican y que son los siguientes: es *racional*, puede utilizar los instrumentos de la razón (la lógica, el razonamiento, el juicio, etc.) que le lleva a distinguirse singularmente del resto de los seres vivos. Por otra parte, tiene la facultad de la *libertad:* que nunca puede ser entendida de forma absoluta, sino relativa.

Información y formación constituyen un *binomio clave en toda educación.* La primera abre la puerta, y la segunda nos instala en el proceso educativo. Son dos etapas sucesivas y complementarias. No hay educación completa si falta alguna de ellas. Recibir *información* es acumular una serie de datos, observaciones y manifestaciones específicas. La *formación* va más allá: ofrece unos criterios para regir el comportamiento, de acuerdo con una cierta orientación; pretende sacar el mejor partido posible de los conocimientos recibidos, *favoreciendo la construcción de un hombre más maduro, más sólido y firme, más humano y más espiritual, más dueño de sí mismo*. Se puede decir, incluso, que *educar es hacer que alguien aprenda a vivir con alegría.*

Los resortes principales que permiten alcanzar los objetivos propuestos se inspiran, por un lado, en la *motivación*, y por otro, en el *esfuerzo*. El uno mueve, y el otro hace que a través de pequeñas luchas concretas, repetidas una y otra vez, se llegue a un entrenamiento en el autodominio, el control de la propia conducta y el ir sabiendo posponer lo inmediato. Por ahí se descubre la senda que nos hace ver lo mejor de nosotros mismos. Toda educación tendrá los siguientes apartados y derivaciones:

1. *Educar es mostrar una cierta doctrina*. Eso es dirigir, encauzar, llevar hacia una región determinada. No es lo mismo la educación en Psiquiatría que en Derecho Civil, en Informática o en Bioquímica, pero en todas ellas late una meta similar: llegar a dominar una serie de conocimientos más o menos básicos que posibiliten moverse en ese campo con rigor.

2. *Educar es perfeccionar ciertas facultades, mediante motivaciones, ejercicios específicos, ejemplos, etc.* Se apren-

den unas reglas que ayudan a desarrollarse con soltura en esas tareas.

3. *Toda educación conduce a la formación de un ser humano más completo, coherente y maduro. Completo*, porque ha sido capaz de integrar vertientes diversas adecuadamente; *coherente*, porque busca que entre la teoría y la práctica, las ideas y la conducta, se dé una relación armónica; y *maduro*, porque de ese modo alcanzará un buen equilibrio personal entre los distintos componentes de su patrimonio psicológico (sensopercepción, memoria, pensamiento, inteligencia, conciencia, afectividad, etc.), físico y social. En cualquiera de los idiomas tiene el mismo significado y aplicación.

4. *La mejor educación debe ayudar a la mejor formulación y desarrollo de nuestro proyecto personal.* Hay en ella dos ideas: *concluir*, que no es otra cosa que señalar una dirección, guiar, llevar el timón. En los ejércitos profesionales que funcionan bien, el capitán, cuando avanzan en combate, no dice «¡Adelante!», sino «*¡Seguidme!*», con lo que da a entender que él va delante, abriendo camino. Esa es la principal tarea del educador; la obra consiste en *promover*, dirigir hacia unas metas determinadas, atractivas, que lleven a cierto nivel de perfeccionamiento.

5. Es esencial la tarea del *educador*. Se educa más por lo que se es, que por lo que se dice. Las palabras mueven, pero el ejemplo arrastra. Es decir, el alumno suele fijarse en el profesor, buscando algo. *La exposición atractiva de otra vida incita a imitarla de alguna manera.* El poder del educador depende menos de sus palabras que de su presencia silenciosa y auténtica. Puede haber muchos profesores y educadores

que enseñen distintas materias y asignaturas, pero hay pocos que sean maestros. En el proceso del *modelo de identidad*, la figura del profesor es decisiva, ya que quizá signifique el descubrimiento de una persona ejemplar a la que admirar, con la que poderse identificar uno y que sirve como punto de referencia firme en que apoyarse.

Educar a una persona es entusiasmarla con los valores

Generalmente se han descrito tres posiciones respecto a la forma de educar. La primera se centra en la *espontaneidad:* el niño y el adolescente van creciendo con muy pocas normas, moviéndose con soltura y dictando ellos mismos sus patrones de conducta. La segunda enfatiza el *voluntarismo:* desde muy pequeño el niño aprende a dominar su voluntad, dirigiéndola no a lo que le apetece, sino a lo que a la larga resulta mejor para él; esta es mi postura, aunque sin excesos. Y, por último, la tercera aboga por una *vía intermedia:* el niño se educa según el complejo juego que se establece entre espontaneidad y disciplina, libertad y autoridad.

Cada persona es un *misterio* y un *tesoro*, algo que hay que ir resolviendo y desvelando; un ser valioso que conviene poner en ruta hacia lo mejor de su destino. *Descifrar a cada individuo y cuidarlo para que dé lo mejor de sí mismo es la tarea del educador.* En otros términos, *educar es convertir a alguien en una persona más libre e independiente.*

Toda educación humaniza y llena de amor. Si no es así, el trabajo llevado a cabo, por mucho que se llame educativo, no es tal; si esclaviza, aprisiona y no libera de verdad, a la larga tendrá un valor negativo.

Educar es instruir, formar, pulir y limar a una persona para que se vuelva más armónica y sea capaz de gobernarse a sí misma. La mejor educación pretende construir la felicidad, pero sin olvidar que no hay felicidad sin sacrificio y renuncias. Un ser humano enriquecido: esa es la pretensión. Si todos somos perfectibles y defectibles, la educación nos aportará nuevos ideales y lo necesario para comportarnos de acuerdo con nuestra naturaleza. Como decía Sócrates a su amigo Hipócrates: «Un sabio es un comerciante que vende géneros de los que se nutre el alma».

Existen dos máximas muy válidas cuando se habla de la educación: «No hay voluntad si no hay conocimiento de la meta» *(Nihil volitum nisi praecognitum)*, y aquella otra, algo distinta, pero con el mismo fondo: «No se puede amar lo que no se conoce».

Toda educación es una labor de orfebrería: se debe labrar a golpe de martillo y de cincel hasta conseguir la obra bien acabada. Pero no hay que olvidar que *la vida es un ensayo* y, por eso, *el hombre se convierte en un animal descontento*, siempre incompleto y siempre haciéndose a sí mismo: es el eterno *ritornello* que comporta todo lo humano. Se trata de una operación progresiva y lenta que necesita tiempo para ir asimilando lo que le llega; un proceso gradual y ascendente, integral y unitario, que abarca todo lo que puede conducir a *la realización más completa de la persona, según sean sus facultades* (físicas, intelectuales, afectivas y de la voluntad) *y circunstancias individuales* (familiares, de residencia, etc.).

Si la tarea del educador va más allá de la explicación de ciertos conocimientos, es porque tiene que saber estimular. El aprendizaje de una materia concreta pueden lograrlo muchas personas, pero el maestro debe también *enseñar a vivir*, ayudar a conocer la realidad personal y circunstancial en su riqueza y profundidad. De este modo emergen los valores.

Tan importante como el contenido es la personalidad de quien educa. Si esta es singular, positiva y coherente, dará clase con su sola presencia; si es amorfa, incoherente y poco atractiva, aunque exponga los temas con claridad, siempre faltará algo en sus enseñanzas. La actitud del educador, al igual que sus modales, ha de ser *propositiva*. Así, sus silencios resultarán elocuentes y su palabra modelará y arropará al que la escucha.

La educación de la voluntad está compuesta de pequeños vencimientos

El tema de la voluntad nos afecta a todos de forma directa. Mientras escribo estas líneas, pasan por mi mente muchas imágenes referentes a mí mismo en este territorio. *La vida, con sus exámenes, va dando cuenta de nuestra existencia,* y lo hace mostrándonos —aunque no queramos— si hemos sabido o no educar la voluntad para arribar a los puertos que nos habíamos planteado. *La voluntad es capacidad para hacer algo anticipando consecuencias;* una disposición interior para anunciar o renunciar; algo *propio del hombre, tanto como la inteligencia y la afectividad.*

La razón nos hace distinguir lo accesorio de lo fundamental, nos enseña lo que es tener espíritu de síntesis y nos ayuda a ensayar una solución concreta en un momento determinado.[1] La vida afectiva se expresa a través de los sentimientos, las emociones, las pasiones y las motivaciones, de las que ya hemos hablado. La vía habitual es el sentimiento, que se define como un estado subjetivo, positivo o negativo, que suele tener un tinte difuso, etéreo, pero que nos permite tomarles el pulso a los impactos que nos rodean. Casi al mismo nivel sitúo yo la voluntad, algo que no se tiene porque sí, algo que no se recibe de forma hereditaria como el color de los ojos, la estatura o el tipo morfológico. La voluntad es una *aspiración* que exige una serie de pequeños ensayos y esfuerzos, hasta que, una vez educada, se afianza y produce sus frutos.

Para el niño y el adolescente, educar la voluntad significa en primer lugar huir del *culto al instante* (del latín *instans, -antis,* lo que está ahí), según el cual lo más importante es vivir lo inmediato. Goethe escribía: «Detente, instante, eres tan bello». Todos los poetas han cantado a esos «momentos privilegiados», a esas experiencias puntuales tan relevantes y fecundas, sobre todo para las personas dedicadas a las tareas creativas.

---

1. Según la psicología cognitiva, rama de la psicología moderna que se inspira en el modelo informático, *la inteligencia es la facultad para recibir información, procesarla de forma adecuada y reaccionar con respuestas correctas.* Nos ayuda a poner orden en nuestros conocimientos, con el fin de producir la mejor conducta posible, dentro de lo que es la condición humana. Pues bien, tan importante como la inteligencia es para mí la voluntad, ya que *el hombre con voluntad puede llegar en la vida más lejos que el hombre inteligente.*

Sin embargo, un síntoma frecuente de escasa voluntad es buscar sólo la exaltación instantánea de lo más próximo.

Lo primero que necesitamos para ir domando la voluntad es ser capaces de renunciar a la satisfacción que nos produce lo urgente, lo que pide paso sin más. Lo inmediato puede superarse y rebasarse cuando existen otros planes, a los que nos hemos adherido y que han sido incluidos dentro de nuestro proyecto de vida, el cual no se improvisa, sino que se diseña. Esta concepción, lógicamente, supone muchas renuncias.

La existencia es vectorial: va desde el presente hacia el futuro, pero en ella todo[2] tiene sentido, porque forma parte de un concepto general que tenemos de nuestra vida. Lo que empuja es el futuro, lo que está por llegar, y precisamente nos ilusiona porque nos conduce a la autorrealización. La alquimia de los estímulos se transforma merced a esa alegría de alcanzar algún día las metas propuestas.

La voluntad es determinación, firmeza en los propósitos, solidez en los objetivos y ánimo frente a las dificulta-

---

2. Por *todo* entiendo aquí los más diversos avatares que puedan sucederle al hombre. *Si hay un proyecto coherente y bien edificado, el dolor, el sufrimiento, la decepción, la humillación, el fracaso... tienen sentido.* ¿Por qué?, ¿de qué manera? El sufrimiento, en sus diversas formas, cura al hombre de su profunda soberbia y lo va volviendo más amoroso con los demás. A la corta, lo frena; pero, a la larga, lo hace más humano, más comprensivo y tolerante. Cuando estos impactos negativos no son recibidos así, el hombre se neurotiza y se torna agrio, amargado, resentido, echado a perder...

El mismo sufrimiento que hace madurar a unos conduce a otros a uno de los peores capítulos de la psiquiatría: la personalidad enferma. La diferencia está en el modo de aceptarlo en el contexto del proyecto personal.

des. Todo lo grande del hombre es hijo de la abnegación; así, por ejemplo, la entereza de volver a empezar, cueste lo que cueste, privándose uno de cosas buenas, pero que en ese momento exigen un recorte para después dirigirse hacia objetivos de mayor densidad. *Quien tiene educada la voluntad es más libre y puede llevar su vida hacia donde quiera*. El hombre de nuestros días, convulsionado y un tanto perdido, deambula de un sitio a otro, muchas veces sin unos referentes claros. Cuando la voluntad se ha ido formando a base de ejercicios continuos, está dispuesta a vencerse, a ceder, a dominarse, a buscar lo mejor. En este sentido, podemos llegar a afirmar que *no se es más libre cuando se hace lo que apetece, sino cuando se tiene capacidad de elegir aquello que hace más persona*, cuando se aspira a lo mejor; y para ello, hay que tener una cierta visión de futuro. La aspiración final de la voluntad es perfeccionar, aunque teniendo en cuenta que somos perfectibles y defectibles. Si hay lucha y esfuerzo, se puede ir hacia lo mejor; si hay dejadez, desidia, abandono y poco espíritu de combate, todo se va deslizando hacia una versión pobre, carente de aspiraciones, de forma que surge lo peor de uno mismo.

El hombre con voluntad llega en la vida más lejos que el inteligente

Esta afirmación requiere ser explicada. Los dos ingredientes más importantes de nuestra psicología son la *inteligencia* y la *afectividad*, de donde nacen dos tipos humanos contrapuestos: el eminentemente racional y el afectivo. Pero entre ambos modelos existen otros tipos intermedios de personalidad, en las que junto al predominio de una u otra característica citada se manifiestan otros elementos psicológicos: sensibilidad, creatividad, memoria, pensamiento, etc. Pero en esencia son dos los cultivos básicos. Cuando Flaubert escribió *La educación sentimental*, nunca pudo pensar que estaba diseñando un modelo afectivo para esa segunda mitad del siglo XIX ni las repercusiones que este tendría.[3] Después, con la llegada de Freud y las distintas psicologías, el tema se ha hipertrofiado.

Pues bien, si el amor y la razón son dos grandes argumentos de la vida del hombre, la voluntad es el puente entre ellos, de tal modo que les da firmeza con su entrenamiento. Una persona muy inteligente, pero que no ha ido poniendo la voluntad en los objetivos previstos, antes o después se di-

---

3. Para un psiquiatra, hablar de *educación sentimental* sigue siendo un tema prioritario. En torno a ella se organiza uno de los núcleos más importantes de la vida. Aborda uno de los estratos más profundos y esenciales, alrededor del cual se concentran muchos estratos psicológicos.

Hoy estamos en una época confusa, y la falta de claridad en este aspecto está trayendo unas consecuencias muy negativas. Pensemos solo en dos: *la confusión entre amor y sexo*, y por otra parte, *no saber que el amor auténtico implica gozos y renuncias, alegrias y sacrificios*. Estos dos errores complican la vida del hombre en nuestros días y ofrecen la enorme paradoja de una persona con un gran éxito profesional, pero cuya vida privada está rota, descompuesta, sin ejes de sujeción firmes.

Para obtener información más completa véase mi libro *Remedios para el desamor*, Temas de Hoy, Madrid, 1990.

rige hacia una travesía irregular, zigzagueante, hasta salirse de las líneas trazadas. En cambio, una persona con una inteligencia media, pero con una voluntad férrea, ordenada y constante, con disciplina y autoexigencia, llega al destino trazado, aunque sea con poca brillantez. Un ejemplo de lo que he expuesto lo vemos en el estudiante. Hace unos años, dos psicólogos americanos, Harris Clemes y Reynold Bean, publicaron un libro que alcanzó una gran resonancia: *How to discipline children without feeling guilty*, sobre cómo inculcar disciplina a los niños. El texto es sencillo, pero está repleto de sentido común y de observaciones que surgen en la vida cotidiana: los niños con frecuencia suelen convertirse en problemáticos, generalmente por el mal funcionamiento del ambiente familiar en el que viven; los castigos son buenos siempre que tengan un fondo estimulante y se apliquen con suavidad, ya que son útiles para cambiar el comportamiento inadecuado. Los padres dan seguridad y confianza a un niño cuando saben educarlo con psicología; la coherencia que estos le aporten es el mejor indicador de que la educación es correcta.

Skinner, uno de los padres de la psicología conductista, decía que del buen manejo del binomio *premios y castigos* dependía que los niños tuvieran una buena o mala educación.

Hay que empezar siempre por tareas pequeñas e insistir una y otra vez en ellas, sin desalentarse. Enseñar una disciplina conlleva una mezcla de autoridad y cariño, porque la severidad por sí misma no es estimulante, al contrario, produce unos efectos de impotencia ante la tarea que se tenga delante. *La educación de la voluntad debe estar edificada sobre la alegría, que nos conducirá poco a poco a ser mejores*, pero que no hay que confundir con hacer grandes gestas, cosas increíbles, ni renuncias extraordinarias. *Para fortalecer la voluntad lo mejor es seguir una política de pequeños vencimientos:* hacer las cosas sin gana, pero sabiendo que esa es nuestra obligación; después, llevar a cabo otras tareas que cuestan, porque sabemos que es bueno para nosotros; y, más tarde, abordar aquello otro, aunque no apetezca, porque esa será la manera de irnos haciendo hombres íntegros; finalmente, negarnos aquel pequeño capricho, para entrenarnos en el arte de ser más dueños de nosotros mismos. Así consigue una persona subirse en el *jumbo de los propósitos y las pequeñas resoluciones*, a base de lo menudo. Ahí debemos buscar el campo de adiestramiento, que nunca se debe desestimar porque parezca superfluo: cuidar el horario, ser ordenado en las cosas que uno maneja, planificar las cosas que se deben hacer, cuidar los detalles en la convivencia con los demás, saber aprovechar bien el tiempo, aceptar las contrariedades[4] en el devenir de cada día. Un hombre capaz de obrar así, va adquiriendo una especie de *fortaleza amurallada:* se hace un hombre firme, recio, sólido, pétreo, compacto, muy difícil de derrumbar. En esas cualidades inician su vuelo las personas de categoría, que con el tiempo llegarán a ser dueños de sí mismos y lograrán las cimas con las que ha-

---

4. En psicología denominamos a esto tener una *buena tolerancia de las frustraciones*, por medio de un aprendizaje progresivo.

bían soñado. *Alguien con voluntad, si persevera, puede conseguir que sus sueños se hagan realidad.*

Ovidio decía en una célebre sentencia: «Video meliora proboque sed deteriora sequor» («Veo lo mejor y lo apruebo, pero sigo lo peor»). Se necesitan factores de corrección. ¿Por qué? Porque una cosa es tener claro lo que uno debe hacer, lo más conveniente, y otra, muy distinta, aplicarnos en esa vertiente. Ahí entra de lleno la debilidad humana. La voluntad significa capacidad para hacer, para aplicarse, para trabajar en algo que previamente se ha elegido como bueno porque sus resultados serán positivos.

La voluntad nos hace operar sobre la realidad para sacarle el mejor partido; no hay que buscar el éxito resonante e inmediato, sino la victoria en las pequeñas batallas, en escaramuzas, que cada vez nos fortalecen más en la lucha. *Estar educado para recibir el placer inmediato es la mejor manera de sentirse uno traído, llevado y tiranizado por el instante más cercano y que más apetece.* Por ese camino, uno no llega a vencerse; al contrario, está desentrenado, porque se siente constantemente derrotado, cuando no satisface lo que le pide el momento inmediato, con esa urgencia tan típica de *los que no saben decir* no *con alguna frecuencia, pues están acostumbrados a entrar siempre por el camino más fácil:* el de la complacencia en lo cercano. *La voluntad conduce al más alto grado de progreso personal cuando se ha obtenido el hábito de hacer, no lo que sugiere el deseo, sino lo que es mejor, lo más conveniente, aunque, de entrada, sea costoso.* Toda la publicidad se apoya en lo contrario: estimular el deseo y crear necesidades inmediatas al telespectador, al ciudadano.

El hombre con poca voluntad está siempre amenazado

Se puede afirmar, sin caer en la exageración, que el proyecto personal tiene siempre un fondo inagotable. Nuestro desarrollo es interminable, por lo que debemos estar llenos de argumentos y motivaciones para aumentarlo y al mismo tiempo contar con una voluntad adiestrada en pequeños ejercicios.

El hombre con poca voluntad está amenazado, porque, poco a poco, se vuelve más frágil y cualquier cosa, por pequeña que sea, le hace desviarse de lo trazado. Se escabulle de la obligación para escoger lo que le apetece, lo que más le gusta en ese momento concreto, porque lo contrario le cuesta mucho: exige *querer* otra cosa de uno mismo, pretender un mejor autodominio. Hacerse uno a sí mismo, poseerse, no es fácil ni sencillo a corto plazo, pero después de unos primeros períodos de ir a contracorriente, la personalidad está ya más domada y tiene capacidad para dejar de atender a lo fácil e inclinarse hacia lo mejor, aunque sea costoso. Son momentos de lucha consigo mismo.

Los perdedores y los triunfadores no se hacen de un día para otro. Los primeros lo consiguen tras muchos años de dejadez, abandono, desidia; los segundos, por el contrario, después de una lucha consigo mismos repleta de empuje, desvelos y repetidas obstinaciones. *El que tiene voluntad dispone de sí mismo, porque ha sabido vencerse* con el tiempo, superarse. Dicho en otros términos: es capaz de posponer la satisfacción ante lo inmediato y tiene cierta visión del futuro. La voluntad debe ser educada desde la niñez. De ahí que los psiquiatras afirmemos lo importante que esta es durante los primeros diez años de la vida de un niño, etapa en la que si no se ha dado una disciplina educativa de la voluntad, después todo será mucho más difícil.

Cuenta Jack London en su novela autobiográfica *Martin Eden* como este, cuando aún era joven, iba a trabajar a una lavandería. Mientras alguno de sus compañeros dedicaba su tiempo libre a beber y a emborracharse, él tenía la ilusión de llegar a ser escritor algún día. Este era su reto, y, con esa meta en la cabeza, se dedicó a leer y a escribir hasta esperar su momento, que llegó gracias a su tenacidad. Es decir, *que la vida diaria sigue siendo la gran cuestión.* Ahí vienen a parar los argumentos, estrellándose con la sucesión de los días, sacándoles partido. *La vida cotidiana se inspira y toma su razón de ser a través de la motivación;* con los ojos puestos en lo que podría ser de cada uno, si somos capaces de no rendirnos, de no darnos por vencidos en esa contienda con el día a día. Hay escondida en ese torneo interior una verdadera *arqueología de lo cotidiano.*

La vida cotidiana es el campo donde debemos luchar: las semanas, los meses, el tiempo que pasa, van dejando una estela de lo que trabajamos la voluntad, y esta, junto a la motivación, forman un maridaje estrechísimo. *Lo cotidiano nunca es banal, ni insignificante, ni algo gratuito, sino que en ello se encuentran las claves de muchas vidas ejemplares*. Pero sin agobios ni ansiedades, sino con determinación y coraje. El momento en que más feliz se siente una persona es cuando hace lo que debe, lo oportuno y adecuado, aunque sea con esfuerzos. Entonces brotan la satisfacción y el contento consigo mismo por haberse vencido. Estos *pequeños y continuos triunfos hacen fuerte al hombre y afianzan su voluntad.*[5] Por eso, no hay que abdicar de lo pequeño. Si analizamos con detenimiento a una persona vulnerable, probablemente nos encontremos con que, al no tener educada la voluntad, se viene abajo ante las dificultades y hace solo aquello que le resulta fácil y le gusta. No está capacitado para imponerse a sí mismo. Por esos derroteros se llega a la *imagen del niño mimado*, que tanta pena produce al que lo observa. Al no estar educado en la voluntad se convierte en un muñeco de las circunstancias, traído, llevado y tiranizado por lo que el cuerpo le pide en cada instante. Esto le lleva de acá para allá, no tiene rumbo fijo, ni planes realmente serios; no tiene intención de esforzarse para vencerse. Alguien así está perdido: *consentido, mal*

---

5. *La televisión, por ejemplo, tiende a matar la voluntad,* la aniquila, la arrasa. ¿Por qué? No exige ningún esfuerzo, solo hay que apretar un botón y dejarse llevar sin más. Su influencia excesiva es nefasta, ya que fabrica jóvenes pasivos, que se entregan en brazos de la imagen, sin necesidad del más mínimo espíritu de lucha. Y esto sin entrar en la banalidad de la mayoría de sus temas ni en la violencia, la pornografía o la difusión de modelos de comportamiento aberrantes, sin brújula, que emite.

Y hay algo más: llega un momento en que si el telespectador no tiene unos criterios claros y bien definidos es incapaz de distinguir entre el bien y el mal, lo positivo y lo negativo, lo válido de lo que no lo es. La importancia de los padres es en estos casos decisiva, si quieren educar a sus hijos en el dominio de la voluntad. Y también los padres deben educarse a sí mismos, porque hacer un uso adecuado de ella es uno de los retos diarios que debemos superar. No en balde la televisión es el nuevo y moderno deseducador.

educado para cualquier tarea, estropeado, es decir, estamos ante la entronización de lo que antes he denominado *la filosofía del «me apetece»*. Por ese derrotero llegamos a la creación de *una persona caprichosa, blanda, apática, inconstante, veleta, que se mueve según el viento que pasa cerca de ella, incapaz de ponerse metas y objetivos concretos*; o sea, el fiel retrato de *una personalidad débil*. Justo lo contrario del hombre sólido.

Con el paso del tiempo, esa voluntad escasamente formada dejará su rastro en los cuatro argumentos principales de la vida humana, que son los siguientes:

1. La propia *personalidad*, que irá estando mal diseñada, con poca armonía y escaso equilibrio.
2. El *amor conyugal*, con el que no llegará muy lejos, ya que no sabe lo que es ceder, ni está acostumbrado a pensar en los demás, ni a posponer las preferencias personales en favor del otro, ni a valorar la importancia del sacrificio pequeño, gustoso y escondido.
3. La *vida profesional* se verá igualmente afectada; si la persona no se corrige, no doblará el cabo de las propias posibilidades y, por tanto, se instalará en la mediocridad.
4. Por último, la *cultura*. Si esta se propone la libertad, irá viviendo de espaldas a cualquier curiosidad intelectual.

El que tiene poca voluntad alimenta con este frágil bagaje esa tetralogía que anida en el proyecto personal: su propia forma de ser, su afectividad, su trabajo y el plano de la cultura y las ideas.

La vida, con el paso del tiempo, nos pasa examen a todos; nos obliga a hacer recuento. Todo se detiene y vemos cómo vamos circulando. Pero en la persona con muy poca voluntad, estos análisis son escamoteados, pues la dureza negativa de su resultado está a la vuelta de la esquina; estos individuos prefieren pasar de largo y seguir tirando, pero sin someterse a un constante análisis interior.

El hombre que lucha está siempre contento

Quien llega a tener una voluntad fuerte es porque la ha conseguido después de una brega pertinaz consigo mismo. *Cualquier esfuerzo que se haga para sacar lo mejor de uno mismo viene acompañado de alegría*, que alienta la ruta y mueve a obrar en consecuencia. *El resultado de todo esto es un hombre recio, sólido, firme y consistente, que no se desalienta fácilmente.* Una persona así consigue lo que se propone. Por eso está contenta. Experimenta satisfacción consigo misma, no porque no le falte nada o se encuentre bien físicamente, sino porque se siente feliz por estar haciendo algo que merece la pena con su propia vida. Luchar implica esforzarse, pelear consigo mismo, oponerse a llevar a cabo sólo lo que apetece sin más, ejercitarse en conseguir los pequeños objetivos marcados y vencer todo tipo de adversidades hasta lograrlo. El aprendizaje en relación a este tema es otra de las grandes cuestiones de la psicología moderna. Los aprendizajes complejos han nacido de otros más sencillos, pero a través de superposiciones y crecimientos, de donde surge precisamente el autocontrol: ese poder ser capaz una persona de gobernarse a sí misma, ser más dueña de sí y de sus planes.

Aprender a vivir significa tener capacidad de superar las adversidades que la vida impone a su paso. Pero ¿cuál es la clave para lograrlo?: el estímulo y el aliento para lograr la meta. Ese es el momento para encontrarse con lo mejor de uno mismo, esquivando todo lo malo que venga y que nos impida avanzar, es la hora de no desanimarse. Quien logra soportar esas pruebas sin derrumbarse e insistiendo alcanzará un grado máximo de madurez: una mezcla de coherencia y espíritu de lucha en lograr vencer día a día lo menudo: el hacerse a uno mismo.

De ahí que la lucha sea un elemento esencial para la formación de la personalidad; es un trabajo ascético, presidido por privaciones y ejercicios de autodominio. Igual que sucede con el hierro, que para moldearlo debe ponerse al rojo vivo, el educador debe alentar al educando con amor y afecto, tras haber comprendido sus dificultades; igual que hace con el grumete el viejo navegante, curtido en muchas tempestades, cuando en las primeras tormentas se cierra el mar y hay momentos muy difíciles.

Lo mejor es dar pasos cortos, pero continuos. *El hábito implica la incesante repetición de actos, en este caso voluntarios, que, con su frecuencia, van echando raíces*. El camino más adecuado para hacerlo es acostumbrarse a hacer siempre lo más conveniente, lo que a largo plazo será lo mejor; pero partiendo siempre de objetivos o *unidades de vencimiento* simples, sencillas, aparentemente poco significativas. Cuando el educador conoce su oficio, sabe manejar bien el arte de la exigencia personal, que conlleva una relación de sugerencias a modo de avisos para superar los imprevistos y fracasos, que nunca faltan.

Pero la ascética y todo lo que ella implica no están de moda, como tampoco la voluntad. Vamos a contracorriente. Hoy vivimos una época de *permisividad*, en la que todo vale, cualquier comportamiento se puede dar por bueno, con tal de que a uno le parezca bien o le apetezca. Por ejemplo, pensemos en la *omnipresente invitación a la sexualidad a través del cine y de la televisión*. Y no por eso el hombre de este último tramo del siglo XX es más feliz. De ahí que sea necesario *el autodominio, porque protege contra la autodestrucción por el placer, siempre que este instrumentalice a otro ser humano*. Es decir, lo convierta en objeto propio de gozo. Por ese camino se desvirtúa la relación humana, hasta irse degradando si no se evita esa rampa deslizante.

La palabra *virtud*, del latín *vir, -i* ha caído en desuso; sobre todo en los últimos años, suena a retrógrada. Santo Tomás de Aquino la definía como *ultimum potentiae*: lo más alto a lo que uno puede llegar. Esta sentencia lacónica no se presta a equívocos; *el hombre está siempre haciéndose*, no es un sujeto modelado, estático, que al cabo de unos años alcanza ya su plenitud. Si fuera así, todo sería mucho más fácil; pero no, la vida es abierta, dinámica, siempre en movimiento, de ahí su carácter dramático.

Los actos humanos fundados en la decisión de llegar a una determinada meta, coherente y realista, atractiva y sugerente, tienen un arco tensador: la del esfuerzo. Pero lo que deben aportar las virtudes o los valores actualmente son medios que ayuden a una mejor realización de nuestro proyecto. Por eso, *querer* sacar adelante el programa personal es amarlo, lo que significa *consentir y ser consciente* de que es bueno, positivo para el propio progreso. La alegría llega después; es siempre la consecuencia de algo que aparece subordinado a un estímulo o fundamento. «Estoy contento con mi vida —a pesar de los pesares— y por eso estoy contento, me siento alegre.» «Voy haciendo lo que más me gusta con mi vida, la dirijo hacia lo mejor, intento ir ganando terreno y avanzar en mi *proyecto personal*, tejido de *amor, trabajo y cultura.*» Todo esto enlazado y vertebrado por una voluntad fuerte y templada en una lucha perseverante y alegre.

La educación, en la lucha por fortalecer la voluntad, debe ser integral; es decir, que abarque aspectos físicos, psicológicos, afectivos, intelectuales, sociales, espirituales y culturales. La lucha no es sino la base de cualquier buena pedagogía y la conquista del dominio de uno mismo es la meta. Con respecto a este tema, en otra parte de este libro he hablado de la importancia del *modelo de identidad*. La emulación es necesaria, porque empuja a seguir a personas ejemplares, completas, llenas de categoría. La tendencia a la imitación es universal.

capítulo
tres

Orden

Arte, orden y medida

Los principales elementos para educar la voluntad son: 1) la *motivación*, de donde surge toda la disposición para el esfuerzo; 2) el *orden*, 3) la *constancia*, y 4) una mezcla de *alegría e ilusión*, sin las cuales los sinsabores que se presentan en las distintas etapas y períodos de lucha acaban llevándoselo todo por delante. A estos cuatro ingredientes los he llamado la *inteligencia instrumental*, que podemos definir del siguiente modo: *son aquellos ingredientes basales que potencian y elevan la inteligencia de nivel*. Y que conducen paulatinamente a que una persona sea capaz de ponerse metas muy concretas y luchar por irlas alcanzando. *La motivación es el punto de mira, lo que arrastra a seguir en la pelea personal por ir acercándose al objetivo propuesto*. Por eso uno de los indicadores de madurez de la personalidad consiste en tener bien educada la voluntad. Y al revés: una manifestación muy clara de poca madurez es tener una personalidad débil, quebradiza, poco consistente, que no fija ni precisa retos y pautas específicas.

Una fuerte y clara motivación es el mejor punto de partida para conseguir la voluntad y aplicarla, aunque al principio el camino sea siempre áspero y costoso.

El que no tiene una mínima educación de la voluntad se parece a una selva inexplorada, por donde no se han abierto surcos ni brechas que desbrocen la frondosidad del bosque. Se va formando una persona apocada, somnolienta, desorientada, que no se atreve a seguir hacia delante por haber cedido con demasiada frecuencia. Ahí está la raíz de su debilidad.

Voluntad significa tener la intención de hacer algo, aunque cueste. La palabra *intención* procede del latín *intentio*, que a su vez se compone de *in* y *tendere*, tendencia, inclinación... y una cierta distancia y relación entre el principio del impulso y su fin. La intención surge cuando apetece algo que no tenemos y que se aspira a conseguir, pero hasta lograr el objetivo hay que superar ciertos retos intermedios.

Asimismo, nos encontramos ante la *elección*, término que deriva del latín *eligere*, compuesto por *ex* y *lego*, coger de, reunir. La elección es el acto de preferir entre varias posibilidades una de ellas, así como una labor intelectual y afectiva a la vez; es decir, me adhiero a algo que me parece bueno y dejo de lado otra, la desecho. Esta capacidad de elección ante las cosas constituye uno de los pilares de la libertad.

Acertar en las elecciones básicas de la vida es decisivo, sobre todo en cuanto al tipo de carácter que uno va troquelando, la persona con la que uno se compromete afectiva y sentimentalmente,[1] o el trabajo, siempre y cuando se haya podido escoger (cosa difícil en estos tiempos de enorme paro laboral). Una vez que arrancamos de esa rampa de lanzamiento —la voluntad—, los *hábitos positivos* son los que van adiestrando la conducta, a base de ejercicios pequeños y continuos. La voluntad distingue al hombre y representa un factor clave en el desarrollo personal y en la promoción integral de todas sus posibilidades. Si la vida es un arte, el orden dota de armonía y disciplina a sus diferentes elementos.

El orden es el placer de la razón

Orden es un término universal. En cualquiera de los idiomas que escojamos —inglés, alemán, francés, italiano, griego o latín—, su significado es el mismo: lo recto, lo correcto, es decir, la disposición adecuada de las unidades que constituyen un todo. Lo recto supone una *dirección* y una *meta*; un *sentido* y unos *puntos de referencia*. Una persona no se vuelve ordenada rápidamente, sino que para ello necesita verlo hecho realidad en alguien cercano. Ya he señalado con anterioridad, en más de una ocasión, que los mejores educadores

---

1. La elección en el amor debe partir del hecho de tener un *modelo masculino/femenino* en la cabeza, lo que exige una tarea previa de análisis. *No hay verdadero amor sin elección*, y elegir significa preferir, seleccionar, escoger, siempre de acuerdo con un patrón previo. Hay que tener un *ideal preconcebido*, que luego se amoldará a la realidad.

El amor sin elección suele conducir a errores sentimentales graves.

son los padres. Ellos, ejemplificando con la práctica diaria, van señalando el camino correcto.

Los ideales no emergen por arte de magia, sino que nacen de ejemplos cercanos, unas veces gracias a los padres y otras, a los de los hermanos mayores, los amigos o unos educadores de verdadera talla. En cualquier caso, el educador actúa más positivamente por su *ejemplo* que por su *doctrina*; es decir, cuando se aplican una serie de conductas positivas, vividas no en la teoría sino en la práctica, y que arrastran a la imitación. De hecho, los integrantes de una familia ya rota, por ejemplo, los hijos de padres separados, que han visto o vivido situaciones violentas o de mucha agresión, quedan marcados negativamente en su carácter, pues no fueron testigos de un buen ejemplo. En esos casos no suele ser fácil que prosperen los ideales, y la *falta de estos constituye una de las más graves carencias*, por lo que a largo plazo se paga un alto precio. En ese vacío anidan ideas sin fuerza y sin atractivo.

El tema de la voluntad ha cambiado de posición en los libros de texto, cuando hace tan solo unas décadas tenía un puesto de privilegio. Toda educación se basaba desde el principio en una educación de la voluntad. La expresión *fuerza de voluntad* tuvo su tiempo y aún quedan reminiscencias de ella. En esa línea precisamente están los que podríamos llamar *pensadores voluntaristas:* Descartes, Duns Scoto o Hume, entre otros. Entre los modernos, destaca con luz propia Schopenhauer, que hace tal elogio de la voluntad, que la sitúa entre los elementos más importantes de los que constituyen el ser más auténtico y verdadero del hombre, intentando demostrar cómo aparece por todas partes la voluntad. La voluntad *es voluntad de vivir*, el impulso incesante que nos alimenta para el futuro.

Nietzsche, otro autor en esta línea, apunta hacia la *voluntad de poder;* Zubiri habla de un voluntarismo paradójico: *la voluntad de la razón. El voluntarismo alzaprima el valor de la voluntad, poniéndola al mismo nivel o incluso por encima de las demás facultades psíquicas, y asimismo realza su predominio en las determinaciones de la conducta, así como en la razón práctica sobre la teórica.* Son, pues, tres puntos importantes sobre la concepción de la voluntad, que el cristianismo acentuó, ligándola a la trascendencia.

El *orden* es un segmento esencial de la voluntad, *placer de la razón y sedante de la afectividad;* pero cuesta entenderlo así y hacerlo operativo en nuestra vida diaria; aunque, como veremos, el orden puede aparecer de distintas maneras:

1. El *orden serial*, que se refiere al espacio, al tiempo, al movimiento, a la disposición…, y también a la relación del pasado con el futuro, del antes con el después. Los ejemplos pueden ser muy claros: desde la ley de la gravedad a las reacciones de los psicofármacos sobre nuestro cerebro, pasando por los motivos que conducen a experimentar la tristeza o el estudio de una biografía en sus distintas etapas.
2. El *orden total*, que nos permite distinguir y estructurar las partes con el todo; jerarquiza, establece una relación sistemática entre los diversos elementos de un conjunto.
3. El *orden de los distintos niveles* que existen en la moral, de los cuales tres son primordiales, y que describiremos en gradación ascendente: las *virtudes humanas* (éticas y noé-

ticas);[2] las *virtudes cardinales* (prudencia, justicia, fortaleza y templanza); las primeras constituyen la base de las segundas; y en una posición más elevada, las *teologales* (fe, esperanza y caridad).

En la psicología actual y en la psicopatología, la voluntad es una de las grandes ausentes, como lo fue la conciencia en el conductismo. Simplemente no se habla de ella, y en su lugar ha ido emergiendo en los últimos años la postura inversa: la *permisividad*.

La permisividad como código relativista

¿Qué significa *permisividad*? ¿De qué hablamos cuando utilizamos esta palabra? Unamuno, en su *Diario íntimo*, un texto que me parece sobresaliente, dice:

> Se dice, y acaso se cree, que la libertad consiste en dejar crecer una planta, en no ponerle rodrigones, ni guías, ni obstáculos; en no podarla, obligándola a que tome esta u otra forma; en

2. Las virtudes *noéticas* tienen un marcado sello intelectual, mientras que las *morales* se dirigen hacia el comportamiento buscando lo más excelente (humildad, generosidad, sinceridad, paciencia, etc.).

Hoy pienso que debemos hablar de los *valores de recambio*, que en nuestro tiempo tienen una gran importancia: la solidaridad, el espíritu democrático, el pluralismo ideológico, los valores de la ilustración puestos al día, etc. Todos ellos deben encaminarse hacia la máxima aspiración del hombre: *la realización más completa de sí mismo*.

dejarla que arroje por sí, y sin coacción alguna, sus brotes, sus hojas y sus flores. Y la libertad no está en el follaje, sino en las raíces, y de nada sirve dejarle al árbol libre la copa y abiertos de par en par los caminos del cielo, si sus raíces se encuentran, al poco de crecer, con dura roca impenetrable, seca y árida o con tierra de muerte.

Es decir, debemos descubrir aquello que hace verdaderamente progresar al hombre, de modo que *su proyecto como persona* sea lo más rico posible. El uso adecuado de la libertad y de la voluntad son las velas decisivas, los soportes, que empujan la navegación de cada uno hacia buen puerto.

Permisividad significa que no debe haber prohibiciones, ni territorios vedados, ni impedimentos que frenen la realización personal, ya que todo depende del criterio subjetivo de cada uno. Por eso, nada es bueno ni malo. Esta se sustenta sobre una *tolerancia absoluta*, dando casi todo por válido y lícito, con tal de que a esa instancia subjetiva le parezca bien.[3] Se ha dicho que la época moderna está marcada por la desustancialización, ya que la mayor parte de lo que hay a nuestro alrededor está rebajado, diluido, cada vez con menos contenidos, y se va impregnando por la lógica del vacío.

---

3. Si todo es relativo no hay referente. Dicho en otros términos: no hay relación *envío-remitente*. Por ahí todo se desliza hacia una indiferencia progresiva, que culmina en una insensibilidad gradual, escepticismo, desapasionamiento y crueldad, es el *vacío por saturación de contradicciones*.

¿Por qué tiene un trasfondo nihilista el hombre permisivo? La respuesta es que un *hombre hedonista, permisivo, consumista y relativista, no tiene referentes* ni puntos de apoyo, y acaba no sabiendo adónde va, envilecido, rebajado, cosificado..., convertido en un objeto que va y viene, que se mueve en todas las direcciones, pero sin saber adónde se dirige. *Un hombre que en vez de ser brújula, es veleta.*

De este modo, vienen a la mente un conjunto de estados anímicos engarzados por el tedio, el aburrimiento, la desolación, una especial forma de tristeza, todo consecuencia de la permisividad. Es una nueva pasión la que aflora: *la pasión por la nada;* un nuevo experimento para ver qué sale de esta rotura de las directrices (proyecto personal) y superficies (bases) de la geometría humana, pero sin dramas, sin catástrofes ni vértigos trágicos. Todos los grandes valores son relativos, dependen de cada uno, de lo que cada sujeto piense...

Hoy, a excepción del político, no hay debate ideológico en la Europa del bienestar y la opulencia. Un ejemplo bien claro es la televisión: se trata de ganar audiencia como sea y no precisamente estimulando las vertientes culturales: se recurre a la pornografía, a la violencia o al escándalo. En tales circunstancias *todo invita al descompromiso;* se lleva la desidia; está de moda la vida rota, deshilachada. También los personajes actuales más afamados carecen de mensajes interiores, no quieren decir nada. *El hombre* light *está vacío, solo le interesa el dinero, el poder, el éxito, la fama, pasarlo bien sin restricciones, y estar en los sitios y en los ambientes de moda.*

Hay diversas teorías y creencias sobre la época y el hombre actual: Gilles Lipovetsky dice que estamos en *la era del vacío;* Daniel Bell la diagnostica como *etapa de rebelión contra todos los estilos de vida reinantes;* Guy Debord la define como *la sociedad del espectáculo*, donde se produce una discusión vacía y los medios de comunicación insisten en seguir sin decir ni transmitir nada. Por último, otro pensador contemporáneo, Hans Magnus Enzensberger, dice que estamos en *la mediocridad de un nuevo analfabetismo.*

Permisividad y subjetivismo forman un binomio estrechamente entrelazado. El *subjetivismo* insiste una y otra vez en que la única norma de conducta es el punto de vista personal, lo que uno piense, sea quien sea, y proceda esa opinión de donde proceda; *esta postura se va instalando de espaldas a la verdad del hombre y de su naturaleza, buscando y persiguiendo el beneficio inmediato.* Con ello se quiere afirmar que *la verdad es lo útil, lo práctico.* Por eso, no existe nada absoluto, definitivo o fundamental: *todo es relativo*, o sea, depende de un entramado de relaciones complejas; nada es verdad ni mentira, no podemos emitir juicios ni análisis sobre algo demasiado terminante. Es así, siguiendo esta línea argumental, como caemos en el *relativismo:* tratando de encontrar la verdad a través de nuestros deseos y puntos de vista. Pero en realidad, alcanzamos una verdad subjetiva, replegada sobre sí misma, sin vínculo alguno con la realidad, *apoteosis de las opiniones y de los juicios particulares.* Según lo explicado hasta ahora, afirmamos que se cae en *un nuevo absoluto: todo es relativo;* huyendo de las verdades universales, se termina aterrizando en ellas. El relativismo es aquella postura en la cual no existe ninguna verdad universal, definitiva, algo a lo que asirse y que sea esencial para cualquier vida humana. Protágoras decía que *el hombre es la medida de todas las cosas*.

La transición de la filosofía a la psicología, en el tema de la voluntad, tiene su trascendencia, ya que fue estudiada desde supuestos científicos y con rigor metodológico; pero ha sido Freud, con ideas sugestivas..., pero también con errores muy significativos, quien más ha contribuido a que la permisividad adopte una forma de tales características que hoy sea una pedagogía de uso frecuente. Entre los mecanismos de defensa que él descubrió habló de la *represión*, con lo que, al no ser bien entendida su definición por muchos, se creyó que, cuando esta se refería a la sexualidad, conducía casi inexorablemente a la *neurosis*. Hoy, algunos años después de aquellas afirmaciones, sabemos que esto no es cierto y que los datos confirman en muchas ocasiones lo contrario.

Orden en la cabeza

Desde el punto de vista filosófico, hay que distinguir cuatro tipos diferentes de orden, que van a dar origen a cuatro parcelas importantes del pensamiento: a) el *orden natural*, que no depende de la razón humana y que tiene dos derivaciones: el *orden físico*, que abarca las realidades materiales, y el *orden metafísico*, de las realidades no materiales; b) el *orden lógico*, que es el que introduce la razón humana, formada por conceptos simples y complejos; c) el *orden moral*, que busca alcanzar el fin último del hombre, llegar a la auténtica felicidad, tanto objetiva como subjetiva, pero esto solo se lleva a cabo mediante el ejercicio de los valores morales; y d) el *orden artificial*, que introduce la razón en todo lo exterior.

En otra descripción más práctica, voy a detenerme en estas cuatro dimensiones de orden: orden *en la cabeza*, orden en *el tipo de vida*, orden en *la forma*, y, finalmente, orden *en los objetivos;* todas ellas íntimamente relacionadas.

Orden en la cabeza quiere decir saber a qué atenerse, tener unos criterios coherentes y operar siguiéndolos de cerca. Hoy vivimos en una época confusa y el ritmo trepidante de la vida nos deja poco tiempo para pensar con calma. El hombre moderno está sometido a una actividad excesiva, y al mismo tiempo la televisión y los medios de comunicación social le bombardean con permanentes informaciones, que ayudan muy poco a su mejora personal y desarrollo interior. Una cosa es *estar informado*, saber lo que pasa, y otra distinta, *tener formación:* esta es más definitiva y se produce tras esfuerzos personales concretos por saber responder a las claves de la vida.

Ortega, en su obra *Ideas y creencias*, nos dice:

> Las ideas se tienen, en las creencias se está [...], de las ideas podemos decir que las producimos, las sostenemos, las discutimos, las propagamos, combatimos en su pro y hasta somos capaces de morir por ellas. Lo que no podemos hacer es [...] vivir de ellas [...]. Con las creencias no hacemos nada, sino que simplemente estamos en ellas.

En una palabra, aquello en lo que creemos nos sostiene, actúa como tierra firme sobre la que pisamos. El que no tiene esquemas claros en su mente está desorientado y no sabe ni lo que quiere ni hacia dónde va.

Este orden conduce a tener una *jerarquía de valores*: tenemos un escalafón de principios que nos sirve como patrón de referencia. Y esto en cuanto a la vida personal, que va desde la afectividad a lo profesional, pasando por lo intelectual, la familia y los amigos. La clásica rivalidad nuera-suegra no es otra cosa que una falta de orden jerárquico en los sentimientos. Por ahí muchas personas sufren lo indecible, pero si pusieran orden en ese terreno, se ahorrarían muchos sinsabores.

También el orden afecta al *proyecto de vida*, ya que este no puede ser improvisado, hay que diseñarlo, ponerle cotas, vallas protectoras, pequeños objetivos y metas a medio y largo plazo. La realidad zigzagueante de la existencia se encarga después de cambiar muchas cosas, darle la vuelta, con la aparición de imprevistos y problemas o asuntos inesperados. La necesidad de tener una flexibilidad dentro de ese esquema personal es, simplemente, algo práctico, fundamental, que no debemos olvidar.

Cualquier orden que se precie surge de una estructura mental bien sistematizada. Tener orden por dentro no es cualquier cosa; es más, desde él empieza uno a saber qué hacer ante ese sinfín de vaivenes y altibajos de la vida humana. Sería una pretensión inútil querer tener estructurados todos los aspectos de la existencia. El orden establece unos mínimos para desenvolvernos bien, para perseguir nuestros propósitos, a pesar de las ineludibles desviaciones que no pueden evitarse.

Orden en el tipo de vida

Esta es otra parcela interesante que hay que cuidar, si se quiere progresar en la voluntad. *La organización y la planificación de nuestras actividades tiene un carácter preventivo y, a la vez, multiplicador del tiempo. Preventivo*, porque impide que los acontecimientos nos lleven por delante a su paso y no podamos ensayar una solución satisfactoria; prever, adelantarse, anticiparse a los hechos con una cierta cautela. *Multiplicador* quiere decir que, con orden, el tiempo se multiplica y una persona llega a casi todos los objetivos propuestos, *porque distribuir bien el tiempo es saber sacarle partido*. Esto se ve muy claro en las personas muy ocupadas, que saben lo que valen los minutos. La persona acostumbrada a perder el tiempo deja que se le escape casi sin sentirlo, sin darse cuenta.

Saber utilizar a fondo el tiempo abarca aspectos muy prácticos: desde tener un horario que uno se esfuerza por cumplir, hasta ser metódico con los asuntos que tenemos pendientes, diseñar una sistemática exigente y flexible a la vez. Así es como cunde el tiempo. *Sin orden, nunca saldrán nuestros planes;* no es posible, por más que uno quiera y luche. Falla la base, la raíz del problema. A este respecto hay una observación que no quiero dejar de lado: hoy confundimos mucho dos hechos diferentes: *activismo* y *actividad*. En el primer caso, uno se mueve intensamente de acá para allá, pero con poco fruto, es un movimiento que se hace de cara a la galería, de escasa productividad, que suena mucho hacia fuera, pero tiene pocos resultados. En cambio, el segundo es menos ruidoso, pero más efectivo: labor callada, lenta y de resultados prometedores.

En el joven hay un caballo de batalla para este tipo de orden: el estudio. Es un verdadero termómetro, un sismógrafo que, a esa edad, registra muchos valores al mismo tiempo. En mi experiencia de estudiante y de profesor universitario, he podido ver que, muchas veces, unos buenos resultados académicos no son tanto producto de una buena capacidad intelectual como de saber poner en práctica las condiciones instrumentales del estudio y el rigor en los libros, apuntes y anotaciones.[4] La vida ordenada produce tranquilidad y sosiego. Por eso, cuando alguien se va acostumbrando a *aplazar las tareas previstas*, no se da cuenta de que por ese camino acabará debilitando su voluntad, y que cada vez se verá más incapaz de sobreponerse a los momentos difíciles y de cansancio.

---

4. Muchos fracasos escolares y universitarios de los estudiantes malos, que van llevando sus cursos con dificultades excesivas, no se deben a la falta de capacidad intelectual, sino a que no han aprendido a poner en juego las bases del estudio; no han sido educados para ello. Aquí tiene especial relieve el orden, la constancia y la voluntad. Las relaciones entre las tres son muy estrechas; *todas ponen armonía en la vida personal, producen resultados estimulantes y proporcionan la ilusión de ver cumplidas metas específicas y planes previamente trazados.*

Orden en la forma

Siguiendo este recorrido, hay que insistir en el *orden exterior.* Este está íntimamente conectado con los anteriores, pero con rasgos propios y distintivos de los demás. Hace referencia a la ropa, los libros, las cosas personales que uno utiliza diariamente. Es un aprendizaje que se debe ir adquiriendo desde pequeño, con la ayuda de los padres, y que, más tarde, uno se encarga de cuidar. Ahora bien, quiero hacer una llamada de atención: el orden en la forma es siempre un medio, nunca un fin; es decir, *debe estar gobernado por la prudencia.* Los psiquiatras sabemos que existen enfermedades producidas por *un afán desmesurado por el orden,*[5] cuyas consecuencias son negativas tanto para la persona que lo sufre como para los que conviven con ella. Su despliegue debe dejar un margen a la espontaneidad, ya que, si no es

5. Existen varias *enfermedades originadas por el exceso de orden.* Las *obsesiones*, en las cuales uno de sus más frecuentes contenidos es la «manía» por que todo esté en su sitio, pero de forma excesiva, exagerada, sin un mínimo de flexibilidad. Hay dos estirpes clínicas contrapuestas: la *neurosis obsesiva*, que parte de la ansiedad y que tiene buen pronóstico; y la *enfermedad obsesivo-compulsiva*, que tiene un pronóstico más difícil, pues lleva consigo la repetición de una serie de actos o liturgias, que impiden hacer cualquier cosa que no sea la obsesión fijada.

Cuando el orden es sano, normal, *el orden está a nuestro servicio;* cuando es enfermizo, *el sujeto está al servicio del orden.* Además de este rasgo diferencial, el hablar con la familia de este tipo de pacientes nos va a dar la respuesta cabal de si estamos ante algo que está dentro de los límites normales o si constituye ya algo patológico.

así, puede convertirse en algo enfermizo, neurótico, que enturbia la convivencia.

Suelo decir que entrar en la habitación de alguien es como hacerle un test. Esa persona se retrata, dejando constancia de muchas cosas de su personalidad. Las cosas tiradas, los libros y los papeles amontonados y ver cada cosa por un sitio refleja un manifiesto desorden, que en bastantes ocasiones se corresponde con un cierto desorden interior, que de este modo queda al descubierto.

En la educación de los hijos, los padres tenemos un buen campo de experimentación para robustecer la voluntad. En alguna ocasión he escuchado a algún padre decir que él no podía enseñar a sus hijos el orden, porque él no lo vivía. Hay un contraargumento con respecto a esto. Se trata, justamente, de empezar a luchar por conseguirlo, explicándoles a los hijos cómo ellos intentan superarse. Como he comentado en otras páginas de este libro, lo mejor es ir haciendo pequeños ejercicios, insistir en ellos y continuar, sabiendo que los pequeños avances de ahora serán ampliados en el futuro si hay perseverancia.

En definitiva, el valor de la estimulación positiva es importante a la hora de empujar hacia estos valores, hoy poco apreciados. El buen ejemplo de los padres debe estar presente, para que los hijos entiendan el porqué de esos esfuerzos continuados. El orden por el orden tiene poco sentido, hay que colocar las cosas de acuerdo con unos criterios determinados. Ahora, en la era del ordenador, lo que sucede con este aparato es que simplifica nuestra vida en algunos aspectos concretos.

El hábito del orden es más fácil que arraigue si se empieza desde joven. Cuando una persona se ha ido acostumbrando al desorden formal, le cuesta mucho corregirse, salvo que haya tenido alguna experiencia muy negativa, que sea casi traumática. Por ejemplo, haber perdido documentos importantes o papeles de uso personal de difícil recuperación puede ser la piedra angular desde donde se inicie un cambio serio, de propósito firme, que conduzca a un orden estricto.

Para educar a alguien en el orden, lo mejor es ver la utilidad del mismo y la facilidad para encontrar lo que se busca. Esto vale para muchos aspectos de la vida. Paciencia, perseverancia, insistir, no darse por vencido... son las mejores bases para conseguir esta empresa difícil de entrada, pero en la que una vez adquirido un cierto nivel, todo se hace más llano y llevadero, pues se ha convertido en parte de nosotros.

Para un niño, empezar a tener orden significa aprender a dejar su habitación recogida, guardar sus juguetes, no dejar sus pequeñas tareas escolares a medio hacer, tener sus cuadernos y libros en su sitio. Sucede lo mismo con los idiomas. A un niño se le enseña inglés jugando, cantando, en plan divertido. Y así, casi sin darse cuenta, va asimilando la gramática, la va aprendiendo. De manera parecida sucede con el orden.

Orden en los objetivos

El orden en los objetivos es el único modo de que los propósitos salgan adelante. Pero para esto se necesita concretar; *tener pocos objetivos, bien delimitados, sin querer abarcar demasiado.* Así se inicia el camino hacia las determinaciones detalladas. *Cuando se fijan los planes es el momento en que uno ha aprendido a renunciar a la dispersión.* Hay que partir de aquí. Decir *sí* a todo lo que va apareciendo ante nosotros es la forma más segura de salirse del cauce trazado. Ahí es donde uno precisa, analiza lo que quiere hacer, define y perfila sus objetivos, centra sus límites y capta lo necesario para saber *decir no* a tantas sugerencias y tirones que proceden del exterior, para desatender de algún modo lo que se tiene entre manos y en la cabeza.

Planificar a corto y medio plazo. Lo haremos con papel y lápiz. Muchas veces, esta tarea se simplifica recurriendo a una agenda, donde todo queda anotado. De este modo, todo es vivido de forma más sabrosa, pues lo mejor es adelantarse a lo que está por llegar. Este orden llena de aroma la biografía, pues invita a no ceder ni darse por vencido cuando las cosas salen mal, se tuercen o arrecia el viento de las contrariedades.

Organizar es saber distribuir, de acuerdo con el paso de los días y las semanas, todas las cosas que están pendientes, y que, al irlas haciendo, nos llenan de satisfacción, de plenitud, porque percibimos una gratificación interior cuando han sido llevadas a consecución. Este es el mejor método para alinearlas hacia delante, con rigor e ilusión. El detalle, el esmero y la minuciosidad es prever y, por tanto, va a ser portador de calma, regularidad, equilibrio y sensatez en la organización.

Efectos del orden en la vida personal

Si la batalla del orden se aplaza y no se da en los primeros años de vida, ganarla va a costar bastante trabajo. Y sin una base o rampa de lanzamiento, conseguir ciertos valores supondrá mucho esfuerzo hasta que formen parte del comportamiento habitual.

Quien tiene una buena educación de la voluntad es porque ha trabajado a fondo en el orden y la constancia, y ha sido capaz de ir dando pequeños pasos hacia delante, venciendo en unos, y en otros siendo vencido. Los primeros estímulos son recibidos del ambiente familiar, siempre que este tenga un cierto equilibrio psicológico y los padres se anticipen a los hijos abriéndoles el camino. Hay que *saber motivar*, esa es la base de gran parte de la psicología que los tutores deben emplear. Se juega con los hijos para que sean ordenados, costándoles poco esfuerzo. Así se va adquiriendo el hábito: con la repetición de actos de este tipo. Por eso, jugar en familia es tan importante: porque se crean lazos de amistad, se liman las diferencias de autoridad sin rebajarlas de nivel, se ríe con los hijos, y así aprenden el valor de saber perder con elegancia, pues adquieren la importancia de saber ceder... en definitiva, *el valor pedagógico del juego entre padres e hijos es una verdadera escuela, donde se pueden aprender muchas cosas positivas.* Ahí nace una convivencia más directa entre todos, y cada uno va dejando clara su personalidad, su forma de ser única y particular. Y a la par, le pueden ayudar a corregir aspectos de su conducta.

Los principales efectos del orden se resumen en los siguientes apartados:

1. *Paz exterior e interior.* La primera supone tranquilidad, la segunda serenidad. Entre ellas hay lazos y puntos de

relación, en donde ambas están implicadas. Uno sabe dónde están las cosas *por su exterior*, y cómo se deben estructurar los hechos *según su interior.* Hay armonía, equilibrio, conexión dentro de una estructura amplia. Uno está en la realidad, con los pies en la tierra, sin querer demasiadas cosas y sin pretender hechos imposibles.

2. *Alegría.* Pienso que *orden y alegría forman un binomio con muchos puntos en común.* La alegría es un resultado: la consecuencia de un tipo de vida coherente, realista y con un buen nivel de exigencia, en busca de la meta, por encima de los avatares y las luchas continuas. Uno se desvive por hacerse persona, por mejorar en puntos concretos y esto, a la larga, produce una satisfacción interior inmensa. Entonces, cuando se ven los logros, el desenlace de esos esfuerzos trabajosos, se capta la trascendencia que tiene lo ordinario y el buen rendimiento que produce. La alegría es la recompensa del esfuerzo y la perseverancia. *La vida merece la pena cuando hay retos, grandes desafíos, y rebeldías nobles que llevan a apostar por conseguir ser lo mejor posible.*

Todo esto choca frontalmente con la sociedad hedonista de nuestros días. Porque se vive una reñida pelea que hay que mantener con uno mismo, para no dejarse vencer y poder adquirir los valores del guerrero: ganas de pelear, capacidad de entrega, no darse por vencido, e insistir sin desaliento. Por ese camino la vida humana cobra su más genuino sentido. Julián Marías dice: «Desvivirse en la forma suprema del interés; pero ¿qué es el interés más que *inter esse*, estar entre las cosas? Cuando nos interesamos es que estamos ahí, con las cosas, desviviéndonos. Y vivir es estar entre las cosas que nos rodean y solicitan, en nuestra circunstancia».[6]

La alegría es al mismo tiempo *afirmación* de resultados positivos, y *negación* para disciplinarnos en los objetivos trazados. El que es demasiado blando consigo mismo se ha ido haciendo a base de cesiones en cosas, quizá no muy significativas, pero que a la larga lo desentrenan en el trabajo de luchar. Las fibras últimas del ser humano se templan ahí, vibrando en un diapasón con dos puntas en su horquilla: en un extremo, la *fortaleza*, y en el otro, la *paciencia*; la primera, compuesta de materiales firmes, la que hace al hombre que la posee sólido, capaz de acometer y resistir los contratiempos; la otra, la *paciencia*, basada en el aprender a esperar, sabiendo sobreponerse cuando no se producen los planes previstos, sin perder la calma.[7]

3. *Eficacia.* Cuando hay orden en el desarrollo de cualquier actividad, el tiempo se dilata, y se tiene la sensación de que se llega a todo si uno ha sido capaz de no dispersarse. Pensemos tan solo, como ejemplo, en la ciencia moderna de la bibliometría, en la que la suma de datos informativos sobre una

---

6. Véase *Breve tratado de la ilusión*, Alianza Editorial, Madrid, 1990, pág. 137.

7. Esta implantación de la paciencia en los tiempos que corren no es fácil. Fomentarla en los hijos e intentar vivirla personalmente va en contra de la corriente actual. *Hay más esfuerzo en soportar que en impacientarse.* Pero el hombre contemporáneo quiere resultados inmediatos, la visión de la realidad tiene lugar a cortísimo plazo, de ahí su dificultad.

En la psicoterapia se ve claramente cómo, muchas veces, *en la aceptación de las dificultades está el cambio.*

cuestión monográfica llega a ser hoy exponencial. Pero si hay orden, si esos datos están bien archivados, apoyados en un sistema lógico, racional y estructurado, de acuerdo con unos parámetros operativos, todo eso puede ser guardado en la mente sin que estos se pierdan con el paso del tiempo. El saber sí ocupa lugar, y hay que hacerlo a base de orden.

4. *El cuidado en los detalles pequeños dentro de las ocupaciones que uno tiene entre manos.* Joseph Pieper nos dice que tener valores significa que el hombre pretende *ser verdadero*, tanto en el sentido natural como sobrenatural; en el primero, uno se eleva personalmente, mientras que con el segundo, se aspira a lo máximo que puede llegar alguien en esta vida.[8] En la Edad Media se consideraba *sabio* al hombre a quien las cosas le parecían tal y como eran realmente, tenía capacidad para ver con objetividad la realidad, desde varias perspectivas.

Este cuarto apartado oscila entre poner amor en lo pequeño, saber terminar bien un trabajo, esmerarse en hacerlo todo con corazón y cabeza, y elevar el nivel de la tarea haciendo las cosas despacio, con calma, sin correr, sin atropellarse. De ese modo, el instante cobra un carácter duradero, con resonancias dilatadas. También es importante en este aspecto del orden el cumplimiento fiel del horario, desde el comienzo hasta el final, el orden en la convivencia cotidiana con los demás, pasando por aprender a ser templados y no pretender abarcar más de lo que uno realmente puede.

---

8. Véase su libro *Las virtudes fundamentales*, Rialp, Madrid, 1976.

5. El orden, a la larga, si es vivido con un sentido profundo, basado en el servicio a los demás y en la lucha por mejorar, *conduce a que la persona sea más libre y responsable.* La madurez psicológica es algo que se va adquiriendo paso a paso, a base de trabajo bien hecho, de responsabilidades asumidas, de capacidad para superar las frustraciones, de haber sido consciente de que hay que tener buen perder y volver a empezar de nuevo... Todo con voluntad y constancia. Este es el modelo en el que se deben fijar los humanos para sacar el mejor resultado.

De ahí emerge un hombre más reposado, alegre, firme en sus propósitos, que no se desmorona con facilidad, con más gusto por el humor que por el drama, más inclinado por la ilusión que por la agonía. Así es como se forja en el futuro un tapiz humano que apunta hacia algo grande, atractivo, sugerente, por lo que merece la pena luchar dejándose uno lo mejor de sí mismo en el esfuerzo. *El orden y la prudencia son los dos protectores de uno de los tesoros más preciados: ser conscientes de que hay que luchar con la inteligencia y la afectividad.* Platón, en *La República*, dice que la prudencia es la madre de todas las virtudes; es decir, de ella parten otras tres: la justicia, la fortaleza y la templanza.

La palabra *virtud* actualmente está en desuso, su valor no es apreciado en el mercado psicológico y de la calle, pero conviene bucear en su etimología, ya que de ella podemos sacar algunas conclusiones provechosas. Los griegos hablan de *areté*, capacidad, habilidad o incluso cierto grado de perfección, no solo exclusivas del hombre, sino también de un animal o incluso de un instrumento. Así, por ejemplo, el caballo tenía la *areté* de la velocidad; el violín, la de expresar unos sonidos sugerentes; y el cuchillo, la de cortar bien. La palabra alemana *tungend* deriva de *taugen* y significa capacidad en general.

Los romanos llamaban a la virtud *virtus*, que procede de *vir*, varón; y a su vez equivale a virilidad o propiedades específicas de la condición masculina en cuanto a fuerza.

En general, *la esencia de la virtud es que facilita el hábito de inclinarse a obrar hacia el bien o hacia lo mejor.* De aquí que el orden y la constancia, como dos valores sustanciales de la voluntad, se abran camino para la consecución de un hombre de más nivel, que quiere volar alto y elevarse por encima de sus limitaciones.[9]

---

9. La idea central aquí es *repetir una y otra vez actos positivos, que nos entrenan y nos disponen para incorporar a nuestra conducta esos ingredientes de cierto nivel*. La costumbre de hacer no lo que me apetece, sino lo que es mejor para mí. Es inclinarse hacia lo mejor, hoy y mañana y pasado... y hacerlo al principio sin ganas, a contra corriente, como el que sube una empinada cuesta y sólo, cuando ya ha avanzado un cierto trecho, se para y contempla el paisaje desde esa cima.

Hacer atrayente ese esfuerzo. Eso es verdaderamente educar. Volveré sobre esto más adelante.

capítulo

cuatro

Orden y alegría

Vivir el orden disfrutándolo

En el mundo de los sentimientos nos encontramos con este rasgo afectivo, el orden, que presenta dos caras: la alegría y el placer. La *alegría* (del latín *alacritas, -atis,* fuego, vivacidad, ardor) es un sentimiento de contento y satisfacción interior que se produce como consecuencia o reacción de algo positivo que ha acontecido a una persona. Esta definición nos presenta las siguientes características:

1. La alegría, como *estado de ánimo*, es una experiencia subjetiva y que, por tanto, solo puede analizarse o estudiarse teniendo en cuenta este dato.
2. Por medio de la alegría la vida se percibe de forma plena, dilatada, llena de fuerza y de sentido; eso que procede de fuera y nos alegra lo sentimos como un don, es decir, tiene un *valor positivo.*
3. Es uno de los estados afectivos fundamentales del hombre, que, generalmente, se produce *como consecuencia*

de algo positivo que ha ocurrido y que es el desencadenante de esta emoción gratificante.

4. Esta emoción, que proporciona placer y que se extiende al plano psíquico, produce una vivencia de luminosidad y esperanza.

5. La alegría está *motivada* siempre por la posesión de un bien o por su previsión anticipada.

La auténtica alegría es aquella que rezuma optimismo, satisfacción, animación y regocijo, que invita a la celebración y está propensa a abrirse a la comunicación. Y, además, enriquece interiormente, muestra un panorama futuro amplio y proporciona a la existencia su auténtico sentido en esos momentos. *La vida, a pesar de todo, merece la pena solo por la alegría;* es entonces cuando el pasado adquiere un relieve comprensivo; el futuro se ve con confianza, y se espera de él todo lo bueno que puede traernos. Entendida desde esta concepción, lo que hace es reafirmar a la persona con respecto a su biografía, y encajar en ella las tres instancias temporales —pasado, presente y futuro— en un bloque, en un armazón que tiene un fundamento y una dirección precisa, a pesar de los vaivenes de la existencia.

En la *Divina comedia*, Dante dice que la alegría *es luz intelectual llena de amor*, amor de verdad lleno de júbilo, júbilo que trasciende toda dulzura. Descartes, en su tratado *Las pasiones del alma*, dice: «Emoción placentera del alma que consiste en el gozo del bien». Nosotros preferimos reservar la palabra *placer* para otro contexto y con connotaciones distintas.

Trabajo y alegría: dos piezas inseparables

Cuando estamos alegres se debe a que hemos conseguido algo o que esperamos alcanzarlo, sea un bien material o no. Por ello, la alegría auténtica es producto y consecuencia del esfuerzo; por ejemplo, una de las más importantes es la que se deriva del trabajo bien hecho.

Trabajo, alegría y fiesta forman un contínuum psicológico. Solo una vida con un trabajo lleno de sentido hace al hombre alegre, y únicamente es posible celebrar una fiesta cuando esta se da en una persona cuya vida y cuyo trabajo siguen un camino, tienen una dirección que se rebasa a sí misma. Conviene no olvidar en este apartado que la alegría *está más ligada al dar que al recibir.* Cuando se invierte esta dirección, con frecuencia pueden aparecer la tristeza, la melancolía y la desilusión, y afectan a las fortificaciones de la personalidad.

Las tres caras de la tristeza

La palabra *tristeza* (del latín *tristitia*) significa afligimiento, pesadumbre. Su experiencia pertenece al mundo sentimental y se puede definir como un *sentimiento de pesar, de dolor interior, que lleva consigo el estar desolado, con pena, embargado por la melancolía*. En la clasificación de los sentimientos propuesta por Max Scheler, estos quedan estratificados en cuatro planos:

1. Los *sentimientos sensoriales*, es decir, ligados al cuerpo, pero localizados, de ahí que sea frecuente escuchar a un enfermo depresivo: «Tengo la pena cogida al estómago».

2. *Los sentimientos vitales* son también corporales, pero generalizados: «Tengo el cuerpo triste, como si todo él me pesara». Estos dos tipos de sentimientos no motivados son endógenos, obedecen a los cambios internos de la fisiología humana, por lo general los ligados a la enfermedad depresiva.

3. Los *sentimientos psíquicos*, que son motivados, debidos a algún suceso personal y, generalmente, están desligados del cuerpo.

4. Los *sentimientos espirituales*, ligados a los planos trascendentales.

Pero ¿qué es un sentimiento? Es un estado pasivo, interior, que siempre tiene una cualidad vivencial positiva o negativa. Hay que diferenciar el *sentimiento* de la *sensación*, que consiste en la captación del mundo exterior mediante los sentidos, auténticas ventanas que nos incorporan todo lo externo. Mientras que en las sensaciones intervenimos activamente, ya que nos dirigimos hacia operaciones que están fuera de nosotros, en los sentimientos nos dejamos invadir por ese cambio emocional, sin hacer nada, de forma pasiva, viendo cómo cambian los distintos niveles de nuestra afectividad.

La tristeza puede ser, de distintas maneras, tres formas de vivir esa experiencia universal.

— Una primera, la *tristeza psicológica*, es aquella producida por algo negativo, cuyos desencadenantes son factores externos. Esta se percibe, sobre todo, a nivel íntimo, sin resonancia corporal, y evoluciona en relación con el motivo que la produjo; pertenece al estrato de los sentimientos psíquicos. La mejor terapéutica para curarla es el tiempo.

— La segunda es la *tristeza vital*, la más grave de las tres que se describirán, llamada así porque procede de los sentimientos vitales que se encuentran entre lo psíquico y lo somático. La vivencia de esta es distinta cualitativa y cuantitativamente: se experimenta como un vacío interior y el sujeto queda invadido por la falta de motivación emocional, lo que en la psiquiatría alemana clásica se denomina «el sentimiento de la falta de sentimiento». Es tan intensa y profunda, que con frecuencia se escucha decir a estos sujetos —enfermos de depresión—: «Ya no puedo estar más triste». Hay una nota especialmente importante en ella: se mira siempre hacia el pasado, porque sienten cerradas todas las posibilidades de proyectarse en el futuro. Aflora cada vez más la culpa, y, más tarde, la desesperación, donde se queman las últimas oportunidades de salir adelante y enfrentarse al mañana. A este estado interior hay que sumarle los síntomas somáticos que lo acompañan: dolor de cabeza, molestias digestivas y manifestaciones físicas por todo el cuerpo.

— Y por último, la *tristeza vitalizada*, un estado intermedio entre las dos anteriores. Aquí el proceso se produce del siguiente modo: cuando la tristeza psicológica tiene gran intensidad y duración se va haciendo independiente de aquello que la originó.

Pero la complejidad de los sentimientos se pone de relieve cuando intentamos analizarlos de forma fragmentada. Así, la alegría y la felicidad son las dos aspiraciones universales del hombre, muy parecidas, pero distintas. Lo mismo sucede con el placer, pero este, en último lugar, después de la felicidad y la alegría, en este orden.

La *alegría* siempre da satisfacción cuando se ve alcanzado un deseo; un contento que desemboca en una vivencia de reposo. La *felicidad* ya es más compleja y se experimenta como una síntesis de nuestra vida, en donde son explorados el amor, el trabajo y la cultura, así como la propia personalidad. El *placer* es más sensible y el cuerpo tiene una importante participación. La relación entre placer y alegría es comparable a la que existe entre superficie y profundidad, entre fugacidad y permanencia. La alegría es más densa, porque afecta a planos más íntimos; el placer es momentáneo, pasajero, tiene una connotación más instantánea.

Alegrarse significa saborear algo bueno que esperábamos, es un indicador de que vamos en buena dirección, aunque solo sea en aspectos parciales de nuestra vida. Toda educación auténtica conduce a la alegría, o dicho en otros términos: *educar a una persona es darle entusiasmo con respecto a los valores para su realización como hombre.*

Alegría y felicidad se hallan en la base de cualquier motivación humana, aunque la primera sea más corta que la segunda. La primera es conciencia de un bien que se ha conseguido; la segunda abarca muchos segmentos de la realidad personal, de ahí su densidad. La alegría es siempre un logro parcial, es decir, el puente hacia una felicidad relativa.

Pero, en definitiva, podemos afirmar que, en el hombre maduro, ambas forman un binomio, en el que la alegría estimula a continuar hacia delante, le da alas a la ilusión.

Orden y constancia: las velas de la voluntad

Hay razones más que suficientes para elogiar el orden. No obstante, pienso que no están de moda ni él ni la constancia ni la voluntad. Y, por tanto, entiendo que, cuando se las trata de estudiar y de fomentar, uno va a contracorriente. Ahora bien, creo que es una cuestión universal, ya que inculcar valores costosos requiere una primera etapa difícil, hasta que se aceptan y van calando en nuestro interior.

Muchos hombres inteligentes no son sabios, porque carecen de valores humanos y trascendentes. Se ven abocados a cierta superficialidad, que puede conducir a la frivolidad.

Porque el orden y la constancia deben estar bien enfocados en nuestro proyecto personal. No basta solo con poseerlos, sino que su contenido, aquello a lo que aspiremos, debe ser algo que nos ennoblezca, que nos haga más humanos, que nos mejore. Las rutas cambiantes de la existencia esforzada saltan los tropiezos que va encontrando a su paso, si hay una *motivación* fuerte que es vivida con ilusión.

El orden y la constancia significan regularidad en las acciones y estado por el cual los objetivos y aquello que nos ro-

dea no se amontonan, ni quedan apilados en un aplazamiento sine díe.

Ambos valores posibilitan situarse mejor frente a lo cotidiano. Hay que mencionar algunos rasgos característicos, aunque parezcan poco importantes: la puntualidad, la observación correcta en la división del tiempo, la colocación de las cosas que normalmente utilizamos, etc. Todo esto llega a constituir un verdadero *estilo de vida ordenado*. Dicho de otro modo: *el valor del orden reside en que es la condición previa para la consecución de un armazón racional de la vida*. En el desorden todo se mezcla y se confunde. No solo no se encuentran las cosas, sino que, ante todo, uno no se encuentra a sí mismo, porque anda perdido sin rumbo fijo, sin saber a qué atenerse.

He mencionado con anterioridad en otros capítulos que estos dos valores alcanzan su máxima consideración en el Renacimiento. Fue el siglo XVI el que los alentó, con la elevación del hombre a un rango superior. Pero también logran una especial preponderancia en la Ilustración, a lo largo del siglo XVIII.[1] Su papel en la educación fue ya puesto de relieve

1. El siglo XVIII muestra un aspecto más uniforme en el triunfo de la razón sobre los sentimientos. Su mayor fuerza se dio en Francia, con los enciclopedistas. En la *Enciclopedia* se expusieron todos los conocimientos habidos hasta entonces y sistematizados de forma sencilla, clara y sugestiva. Fue dirigida y planeada por Diderot y en ella colaboraron especialmente D'Alembert, Holbach, Helvétius, Condillac y Condorcet, entre otros. Su influjo fue extraordinario y sus ideas políticas y sociales prepararon lo que fue la Revolución Francesa.

de forma patente. Yo diría incluso lo siguiente: igual que la prudencia es la «cochera» de la justicia, la fortaleza y la templanza, el orden lo es de los valores *éticos y noéticos*, o sea, los orientados hacia la conducta, los que tienen como objetivo la vida intelectual y todo lo que de ella se deriva.

Sobre un cierto orden inicial se organizan otras formas ordenadas más complejas. Como he comentado en el capítulo dedicado al *orden*,[2] este se desarrolla mediante un despliegue de cuatro geografías complementarias: *el orden en la cabeza, el orden en el tipo de vida, el orden en la forma y el orden en los objetivos*. Es decir, al que se vive preferentemente hacia el *exterior* le corresponde otro en el *interior*, que facilita la vida y la potencia hacia la realización de las aventuras previstas.

Como cualquier cuestión relacionada con los valores, el orden tiene su contrapartida cuando es vivido de modo exagerado. Un orden rígido, estricto, inflexible, convierte al que lo practica en neurótico, ya que le impide funcionar de forma relajada, fluida, sana. Es entonces cuando nos hallamos ante el *perfeccionismo*, una manera enfermiza de vivir el orden y que se caracteriza por los siguientes elementos: *nunca se está contento* con lo que se ha hecho, ya que todo podría mejorarse, lo que conduce a la insatisfacción; por otro lado, *rigidez en la conducta*, una especie de estar encorsetado y no poder moverse con desenvoltura. De ese modo, la persona

2. Remito al lector al capítulo III, «Orden», pág. 55 y ss.

perfeccionista tiene un nivel excesivo de exigencia consigo misma y con los demás, de quienes brota, asimismo, gran descontento. Además, alrededor de esta persona crece el miedo al fracaso, al no ver cumplidos los puntos previstos con la exactitud y la perfección deseadas.

El orden sano agiliza la vida y amplía sus horizontes, y al hombre que lo practica le sirve para hacer poco a poco lo que debe. Uno mismo es quien crea su futuro, con fines particulares, precisos, de acuerdo con las propias necesidades; lo contrario produce el caos, la improvisación, el descuido, el no tener claro lo que uno tiene ante sí. En consecuencia, la vida se desorganiza, el *proyecto* que uno tiene por delante se desmorona, porque está sometido al vaivén de los caprichos y los cansancios psicológicos.

capítulo
cinco Constancia

Constancia es tenacidad sin desaliento

La constancia constituye otro de los grandes pilares de la voluntad. Habiendo tomado una determinación concreta, la constancia conduce a no interrumpir nada ni darse por vencido, a pesar de las dificultades que surjan, ya sean internas, externas o por el descenso de la motivación inicial. Así se edifica el hombre fuerte: a base de tesón y de firmeza, que deben ser aprendidos desde que somos pequeños. Todo hábito requiere un aprendizaje, sobre todo cuando, de entrada, es costoso y pensamos que se trata de una tarea ardua a primera vista; por lo que tener ejemplos cercanos de personas constantes es el mejor impulsor para continuar en lo emprendido.

En la vida humana, el binomio orden-constancia es inseparable y habita en el hombre con voluntad, el cual está gobernado por una capacidad de perspectivas amplias, de ver a lo lejos, pero sin variar fácilmente los objetivos propuestos. Hay que tener visión de futuro, captar una panorámica que se adelante al porvenir, para combatir los cansancios normales que cualquier tarea conlleva en su realización.

La constancia presupone que somos vulnerables, pues hay un sinfín de ocasiones que, de un modo u otro, nos hacen pensar en abandonar lo comenzado. Cuando estamos tentados por la inconstancia se dan muchos factores a la vez: desánimo, cansancio por los contratiempos, ausencia de resultados cercanos, la imaginación que inventa metas sin esfuerzo... la comparación con otras vidas próximas más fáciles, etc. Pero *el hombre constante mira hacia delante, con la ilusión de alcanzar la cima deseada y por eso se mantiene firme, inalterable.* De ahí la importancia tan esencial de las motivaciones, como comentaremos más adelante. La constancia en la preparación de unas oposiciones para un trabajo profesional muy competitivo no es la misma que la necesaria para luchar por modificar aspectos negativos del propio carácter o la que se utiliza para vencer la dejadez, el abandono o la apatía. Hay un hilo conductor en todas ellas, pero los desencadenantes no son los mismos.

Uno de los signos de madurez de la personalidad lo constituye la *visión de futuro*; quien la posee ya ha ganado mucho terreno, porque sabe relativizar las contingencias inmediatas, con las que cuenta como manifestaciones normales de cualquier trabajo. Esta persona se interesa y pone especial énfasis en que estos avatares no le distraigan de la dirección hacia donde apunta. *Cuando más se siente uno lleno de fuerza es cuando se vencen las adversidades y se mantienen constantes los contenidos fijados para llegar hasta donde se ha propuesto*. La satisfacción es el premio a esos momentos de pequeñas victorias; muchas de ellas, entremezcladas con derrotas parciales, le irán fortaleciendo. Pieper habla del *enfermizo afán de seguridad* como un rasgo casi neurótico, pues la vida también está dotada de incompletud y de provisionalidad que pueden surgir en cualquier momento, y no hay que perderlas de vista. Al que le falte el ánimo para acometer los riesgos que conlleva prosperar en su *proyecto personal*, avanzará poco en la consecución del mismo. Alasdair Macintyre[1] pasa del «vive como quieras y haz lo que te guste» a una ética, cuya aspiración final es la felicidad. En esa misma línea está la obra de Giuseppe Abbà.[2] Ambas formas de con-

---

1. Véase *Tras la virtud*, Crítica, Barcelona, 1984. En este libro, este profesor de Filosofía Moral subraya que las concepciones morales de la Ilustración han fracasado y que ahora, con el creciente *relativismo*, el hombre oscila entre el darlo todo por válido o caer en el vacío por saturación de contradicciones.

La ética (basada en las normas sociales de cada época) y la moral (más inspirada en la ley natural y en la visión sobrenatural del hombre) deben tender hacia la felicidad, pero como resultado de una vida que lleva a lo mejor, que busca la realización más completa del ser humano, en todos sus aspectos y vertientes.

La relación histórica de las virtudes ha cambiado. Para Homero, el paradigma por excelencia era *el guerrero*; para Aristóteles, *el caballero ateniense;* actualmente, con la llegada de ese bien político que es la democracia, han aparecido otras distintas: la solidaridad, el pluralismo, la vuelta de la tolerancia, el liberalismo ideológico... aunque en cada una de ellas habría muchos matices que mencionar.

2. Véase su libro *Felicità, vita buona e virtù*, Ateneo, Roma, 1989. Este filósofo italiano considera que las acciones singulares de cada persona deben ser estudiadas de acuerdo con un *fin general*, que establece una unidad entre todos los actos aislados.

cebir la ética pretenden lo mismo: preguntarle a cada uno qué tipo de persona quiere ser o cuál es su aspiración cuando se comporta de una determinada manera.

Vuelve aquí una cuestión central: La *noción de fin.* Lo que lleva a restablecer el esquema tridimensional de la moral clásica: ¿qué es la naturaleza humana?, ¿cuál es su fin?, y ¿cuáles son los medios adecuados para andar por ese camino hasta alcanzarlo? En la respuesta a estas tres preguntas está la clave para poner en marcha la constancia.

La mejor manera de realizar nuestro proyecto es no interrumpir los planes, saber enfrentarse a las presiones externas e internas e ir adquiriendo recursos para sobreponerse a las inexorables dificultades.

Hay que saber qué es lo que uno quiere

Para poner en práctica diariamente la constancia *hay que saber lo que se quiere: querer es activar la voluntad, impulsada esta por la motivación.* Sin embargo, la falta de claridad, la dispersión en los objetivos, y la falta de exactitud en las pretensiones son rasgos psicológicos que no ayudan a la constancia.

Los objetivos se prevén a corto, medio o largo plazo; pero todos deben estar diseñados por el mismo patrón: la consecución gozosa y arriesgada del *proyecto personal*, para lo que se necesitan ilusiones. De ellas surge la fuerza para resistir contra viento y marea. *El fruto más preciado del orden, la constancia y la voluntad es que uno se hace más dueño de sí mismo, siendo capaz de guiar su propio destino, por encima de los altercados y las vicisitudes de la vida*. He ahí la recompensa. Los pasos intermedios cuestan, son esforzados, significan superar tantos lances como vayan sobreviniendo, pero con la mirada puesta en llegar a la meta y obtener el galardón. El que así obra, se hace superior, y si persevera, se transforma en alguien invencible.

Ser perseverante en el esfuerzo diario debe ser el eje de cualquier planteamiento. Las principales características de la constancia, desde el punto de vista psicológico, son tres:

1. La *actitud*, que es la predisposición interior para no darse uno por vencido y seguir adelante sin desanimarse, es una forma de estar frente a las realidades y las luchas. Con esta premisa el panorama cambia, porque se ha ido alimentando una postura, un talante esforzado, una situación de emplazamiento que permite una mezcla de serenidad y de firmeza. La actitud está regida por el *saber esperar* tiempos mejores y *continuar sin bajar la guardia*.
2. El *hábito*, la dirección constante hacia lo mejor, se va alcanzando con la repetición de actos, que implican renuncias no muy grandes y que entrenan para el vencimiento. *Vencerse en lo pequeño y dar batallas en objetivos en apariencia insignificantes son los rasgos de cualquier valor que se precie*. Insistencia, reiteración, empeño, tenacidad; todo se desliza hacia el mejor aprendizaje de la conducta. Un *aprendizaje* compuesto de *entrenamiento*, que, una y otra vez, se esmera en alcanzar la meta, aunque a veces, momentáneamente, no se aprecie. El hábito es un proceso educativo que va construyendo una *segunda naturaleza*: la conducta se va arraigando con fuerza en ese empeño.

3. Tener *un espíritu deportivo de lucha*, mediante ejercicios de vencimiento, superación de pequeñas derrotas, capacidad para saber reponerse y volver a empezar, retomar las ilusiones del principio y crecerse ante los imprevistos que frenan el avance y saber perder y empezar de nuevo. Este espíritu supone pelear con bravura para que salga lo mejor que hay en nosotros, oculto en el fondo de la personalidad.

Entrega obstinada a un fin

La entrega rebelde a un fin —entiéndase rebeldía como no querer darse por vencido— es la mejor manera de perseguir la meta, sin desviarse demasiado de su ruta. La vida humana nunca es rectilínea, sino casi siempre sinuosa y complicada. La tozudez, el ser pertinaz y estar motivado fuertemente supera con frecuencia al talento y a la capacidad intelectual. *La persona constante se ha hecho a base de golpes duros, de pequeñas renuncias, hasta ir ganando en fortaleza: hay que ser hercúleo, consistente, difícil de derribar... casi sublime en lo puramente humano*. Estos son los rasgos que definen al hombre firme.

Un hombre así estará siempre dispuesto a llegar lejos, a elevarse por encima de las circunstancias y a situarse en una posición cuyas categorías superarán las adversidades, por muchas que sean y por duro que parezca su contenido. El sentido platónico de los valores quedaba resumido como la capacidad personal para realizar la propia obra que uno se había propuesto.

La persona constante se hace permanente, estable, trasciende las acciones particulares y está dispuesta para buscar siempre lo más conveniente a largo plazo, aunque, de entrada, le cueste y signifique tener que vencerse. Ni el orden, ni la constancia, ni la voluntad son disposiciones innatas, sino adquiridas en la pelea diaria, y deben lograrse mediante esfuerzos expresos, concretos, claros, bien delimitados. Aristóteles, en su *Ética a Nicómaco*, nos dice:

> De las acciones crece al fin la actitud fija. Por eso debemos comunicar a nuestras acciones un determinado valor, una determinada cualidad, pues si se configuran conforme a ella, resulta la correspondiente actitud fundamental fija. Que nosotros nos formemos desde la juventud en esta o en la otra dirección no importa poco, sino mucho y hasta todo.

Pero la cuestión estriba en saber la manera en que el hombre puede ir adquiriendo estos valores que acrecienten la voluntad.

El orden y la constancia tienen como fruto *inmediato* la consecución de los objetivos, y como *mediato*, la sensación de alegría por sacar lo mejor de nosotros mismos, venciendo presiones y resistiendo infortunios. Así una persona se hace infranqueable con sus pretensiones, y nada ni nadie podrá derribarla. Ambos, el orden y la constancia, cumplen la misteriosa función de hacernos más libres, de sacar adelante nuestro proyecto, dando vía libre a los argumentos que han hecho posible esa travesía.

Es interesante analizar la ordenación que hace David

Isaacs sobre las virtudes,[3] pues aunque es difícil establecer una sistematización clara y jerarquizada, su trabajo consiste en poner sobre el tapete los valores más destacados del hombre, todo orientado hacia el niño y el joven, aunque sin olvidar al hombre adulto. Otto Bollnow[4] sitúa el orden y la constancia entre lo que él denomina las *virtudes burguesas*, las cuales suelen olvidarse en los estudios sobre moral y ética,

---

3. Véase su libro *La educación de las virtudes humanas*, Eunsa, Pamplona, 1991. En él el lector interesado puede encontrar la fuerza permanente de los principales valores que anidan en el hombre por el único hecho de serlo, aunque su análisis transcurre de lo natural a lo sobrenatural.

Su reflexión sobre los hábitos operativos buenos le conduce a buscar el modo de aumentar su intensidad, sabiendo la estrecha relación que existe entre todas ellas: generosidad, fortaleza, perseverancia, sinceridad, sobriedad, espíritu de trabajo, paciencia, etc.

4. Véase *Esencia y cambios de las virtudes*, Revista de Occidente, Madrid, 1960. Es un manual fenomenológico donde el autor traza un análisis psicológico, sociológico e histórico de *los mejores hábitos* que puede llegar a tener el hombre, centrándose especialmente en la fortaleza, la sensatez, la prudencia y la sabiduría, la serenidad, la fidelidad, la confianza y la justicia. Para ello se inspira en Husserl, Scheler y Hartmann.

Todavía en la Edad Media, la organización política considera poco a la burguesía, porque no pertenece a la nobleza ni al clero. Pero ya hacia el siglo XV y, sobre todo, con la llegada del Renacimiento, esto cambió. Pensemos en el libro de Alfonso X el Sabio, *Las Partidas*, o el del infante don Juan Manuel, *El libro de los Estados*, donde la consideración prestada a los burgueses es escasa.

En los siglos XVII y XVIII se produjeron cambios extraordinarios. La *transformación de la burguesía en clase dominante se produce con la Revolución Industrial y con la llegada del capitalismo*. Aquí me refiero al concepto de transformación de la persona mediante un trabajo serio y disciplinado, que la hizo ascender en la escala social de su tiempo. A vueltas, por tanto, con el orden y la constancia en el trabajo profesional.

ya que en estas disciplinas se buscan comportamientos extraordinarios. Yo prefiero al héroe diario, capaz de dominarse a sí mismo, y no a quien entrega su vida de pronto y se lo juega todo a una carta.

En definitiva, *la vida diaria sigue siendo la gran cuestión.* Para mí estos valores que yo llamaría *renacentistas*[5] tienen hoy especial relevancia, a la luz del hombre del siglo XXI. El Renacimiento se inicia en Italia antes que en el resto de Europa, con figuras tan sobresalientes y de gran influencia como Dante, Petrarca y Boccaccio, cuyos modelos sirvieron de base a los escritores posteriores. Y todo, inspirado en la Antigüedad grecorromana. Ahora vuelven a apreciarse aquellos valores que estuvieron vigentes durante el siglo XVI y sus aledaños.

Burguesía y Renacimiento son dos fenómenos históricos en los que se han apreciado mucho el orden, la constancia y la voluntad. La burguesía marca el desarrollo de las ciudades *(burgos)* de la Edad Media, dedicadas al comercio, a la artesanía y a determinadas actividades profesionales en la vida urbana. Aunque al principio los burgueses no fueron

5. El Renacimiento no puede ser entendido como un proceso rectilíneo y uniforme, sino sujeto a incesantes reflujos. Surge una nueva mentalidad artística, social y económica, unida a cierta agilización de las clases sociales, hasta ese momento absolutamente estancadas. Uno nacía perteneciendo a un nivel socioeconómico y, con toda seguridad, se podía decir que moría en él, salvo excepciones honrosas.

Aparece también un nuevo lenguaje. Incluso en la literatura: de la verdad platónica o del paraíso cristiano puro se pasa a unas formas literarias menos didácticas y moralistas, más libres en lo humano.

aceptados por la nobleza y el clero, más tarde superaron en riqueza a los primeros, adueñándose de los municipios. Ellos, con su laboriosidad incesante, labraron nuevos conceptos sobre la sociología de su tiempo.

El hombre fuerte ha sido siempre admirado en todas las culturas, tanto teocéntricas como antropocéntricas. Las grandes gestas, la coherencia de vida, los ideales nobles por los que uno es capaz de vivir y morir, siempre han servido de estímulo para muchos; han servido como puntos de referencia hacia los que cualquier persona se ha sentido atraída. *Frente a la heroicidad de las grandes aventuras personales, es preferible la valentía audaz de la constancia, aunque no se vea ni brille, pero, en cualquier caso, decisiva en la mejor biografía que se precie.* El que practica con ánimo y sacrificio e insiste sin cesar en lo que debe hacer, llegará a cumplir sus sueños. En las vidas auténticas, existe una meta por la que luchar y una bravura intrépida escondida en el remanso de muchos días, sencillos y normales, en los que se ha aprendido la mejor lección para conquistar la constancia: la grandeza de lo ordinario nos espera siempre y uno debe aplicarse en ella. Las pequeñas hazañas cotidianas nos preparan para las grandes gestas.

El secreto de muchas vidas: la perseverancia en los objetivos

Toda la labor humana recuerda a la del jardinero: hay que cavar la tierra, abonarla y soportar largos y duros días sin alegría, sin poesía, con la esperanza puesta en el futuro, en el día de mañana. Pero esto debe estar acompañado de amor: más se consigue con amor, que con dureza y severidad. Es lamentable ver como algunas vidas no ven culminados los objetivos por el abandono ante las dificultades, los problemas, los cansancios... Es una lástima observar como un licor precioso pierde su calidad al mezclarse con una pequeña suciedad, del mismo modo que un vino excelente deja su *bouquet* cuando se echan unas gotitas de agua.

Los valores solo se adquieren a base de renuncias y sacrificios sin necesidad de publicarlos. El esfuerzo sin espectáculo es más heroico que el brillante y ruidoso. El cometido de la fortaleza consiste en robustecer la voluntad a base de orden y constancia. Como escribía san Agustín: «La fortaleza es el amor que todo lo soporta por el objeto de sus amores».[6] Hoy esto alcanza un grado más alto que nunca en importancia, ya que con el creciente avance del *hedonismo*, para muchos el principal elemento motivador es el *placer* o simplemente *el pasarlo bien sin restricciones*, es decir, vivimos en *la denominada cultura del placer*, que se opone a todo lo que venimos subrayando y que a largo plazo tendrá unas consecuencias muy graves y negativas para el ser humano.

El creciente esfuerzo por el único deseo de elevar el *nivel de vida* y despreocuparse casi de todo lo demás no favorece la tarea de adquirir poco a poco más puntos en el terreno de

---

6. Véase su libro *Confesiones*, Espasa Calpe, Madrid, 1980, cap. II, pág. 5.

la constancia. ¿Para qué ser más constantes?, ¿con qué motivo, si lo que cuenta es pasarlo bien, consumir y conseguir una mayor disponibilidad de bienes materiales? Esta mentalidad hedonista culmina en un materialismo práctico, alejado de cualquier espiritualidad que conduzca hacia otra dirección.

Actualmente vivimos una etapa de *represión de la espiritualidad* que nubla el panorama para descubrir no solo los valores naturales, sino especialmente los sobrenaturales.

Esta mentalidad tiene notas muy características: horror a todo lo que significa renuncia y captación solo de aquello tangible. Es la descristianización de la sociedad occidental, considerada por muchos como la *etapa poscristiana de la sociedad industrial*. Santo Tomás de Aquino[7] recordaba que la voluntad se hace presente en dos actos fundamentales: *aggredi*, por un lado, y *sustinere*, por otro; es decir, hay que enfrentarse con los peligros que pueda comportar el desarrollo de la propia realización personal y ser capaz de soportar las adversidades. En el primer caso estamos ante la valentía y la audacia; en el segundo, frente a la paciencia y la constancia.

La madurez de la personalidad conlleva saber que uno se puede entrenar en la actividad de cada día para buscar lo mejor; ese trabajo es básico, pues, desde él, se potencia la voluntad: se hace lo que se debe, lo previsto, aunque sea con esfuerzo y no se vean los frutos enseguida. Se debe mostrar

7. Véase *Summa Theologiae*, Tomo II, Editorial Católica, Madrid, 1985.

firmeza ante las dificultades, no doblegándose ante ellas. Deberíamos memorizar que cualquier empeño por educar la voluntad está rodeado por la constancia, la paciencia y el tener los ojos puestos en la meta. Cuando las contradicciones arrecian y se manifiestan de forma insolente, no hay que darse por vencido ni hundirse; esto quiere decir que se ha aprendido a superar la natural debilidad que parece quebrarse cuando las cosas empeoran. Los horizontes grandes emergen en esas latitudes, por ahí podemos buscar al hombre valiente, sólido, voluntarioso, dueño de sí mismo, que sabe lo que quiere, y que, por encima de la moda de lo que he llamado la *tetralogía light* —hedonismo, consumismo, permisividad y relativismo—, aspira a sumergirse en los sueños e ideales, buscando los grandes horizontes.

Hoy faltan ideales, metas nobles por las que luchar, puntos de referencia trascendentes. *Todo lo que se hace por amor... es amor, aunque la voluntad se resista a ponerse en movimiento*. Las obras valiosas nos preparan para no desfallecer y seguir insistiendo. Lo he dicho en este capítulo: para hacer más fuerte la constancia, hay que repetir actos que la fomenten, hacerlos una y otra vez, con amor y con paciencia. El sendero se hace andando, como decía Antonio Machado en su poesía: «Caminante, no hay camino, se hace camino al andar». Cuando la voluntad, el orden y la constancia se manifiestan unidos, configuran una personalidad madura, bien dibujada. Así se forma el *hombre superior*.

La felicidad consiste en una vida lograda. Es la suma y compendio de la vida auténtica. El resultado de haber puesto la voluntad una y otra vez en los objetivos trazados. *La felicidad es la realización más completa del proyecto de vida*. Pero sin perder de vista que la mejor de las existencias siempre tendrá huecos, fallos, derrotas, cosas que no han salido y otras que han escogido un camino negativo e inesperado.

Y al mismo tiempo, *la felicidad se alcanza a través del amor por el trabajo bien hecho*. Amar el trabajo y trabajar con amor, con el puente de la voluntad entre ambos. Aprender a tener voluntad significa un crecimiento gradual en esa herramienta, porque los aprendizajes más complejos descansan sobre aprendizajes sencillos. Por eso es tan decisivo el papel de la *motivación,* que empuja en la dirección señalada contra viento y marea, saltando por encima de todas las dificultades.[8]

---

8. Hay una regla en la Psicología conductista que puede expresarse así: *cuanto mayor sea la recompensa, mayor será el efecto del aprendizaje*. Por ejemplo: cuanto mejores sean las notas que va sacando un alumno que fue irregular, más va aprendiendo a estudiar y esforzarse y a aprovechar el tiempo. Otro botón de muestra: a medida que una persona pone más voluntad en mejorar su relación conyugal, evitando discusiones innecesarias, compartiendo más cosas, sabiendo perdonar... tiene la recompensa de una relación marido-mujer más sana, estable, positiva y con reciprocidades gratas.

En el capítulo 6 vuelvo a llamar la atención sobre esto: *la felicidad como proyecto de vida bastante conseguido*.

capítulo

seis Voluntad y proyecto personal

Desear y querer

Ya he comentado que *solo la voluntad nos determina*. Todo comienza por el *deseo*, pero para llevarse a buen término es necesario que este se transforme en algo que se *quiere*. *Desear* y *querer* son dos pretensiones, una que navega pilotada por los sentimientos, mientras que la segunda es guiada por la voluntad.

Desear es apetecer algo que se ve, pero que depende de las sensaciones del exterior. Aquí lo que se pretende suele ser periférico, complementario al proyecto, y por otra parte, la conducta que pone en marcha decae con rapidez, una vez que se ha satisfecho ese anhelo. Hay unos mecanismos que se disparan con más o menos inmediatez. Aquí podríamos exponer como un ejemplo clarificador todo el tema de los instintos o las tendencias básicas: el hambre, la sexualidad, la sed, etc.

Querer es verse motivado a hacer algo anteponiendo la voluntad, pues sabemos que eso nos da plenitud, nos mejo-

ra, eleva la conducta hacia planos superiores. Toda la conducta motivada implica elección. Voluntad es elegir, y elegir, renunciar. Trae consigo un comportamiento más lejano, que necesita sacrificar lo cercano y apostar por aquello que ilusiona, pero que está aún en la lejanía. Este proceso complica las cosas, porque requiere ya un cierto grado de madurez. La respuesta se mantiene por el apoyo de una voluntad templada en una lucha firme y duradera.

Es el viejo dilema de los *medios* y los *fines*. Lo que mueve es algo bueno, que aparece en la razón como algo por lo que merece la pena esforzarse. *La meta es un estímulo para la acción, sobre todo en los momentos difíciles*, el punto de referencia por el cual se dirige la voluntad, poniendo de su parte una y otra vez, venciendo los posibles desfallecimientos que surjan de fuera y de dentro.

En la práctica, el desear y el querer aparecen mezclados; pero en la teoría es bueno separarlos, para saber en qué terreno estamos. Cuando queremos nos movemos o sentimos atraídos a preferir lo mejor. Y si la meta tiene grandeza, nos lleva poco a poco a una posición desde la cual vamos a ir siendo más dueños de nosotros mismos: pasamos de lo pasajero y lo temporal a lo imperecedero e intemporal. Pero ¿qué es lo que arrastra?, ¿qué hace que apuntemos hacia esa dirección? Sentirnos motivados por aquello que nos interesa. *La motivación es siempre la representación anticipada de la meta, lo que nos conduce a la acción.* A través de ella estamos abocados a realizar lo que hemos elegido. A la larga, debemos actuar para *alcanzar algo que nos llene realmente* o también, para pretender el mejor desarrollo personal.

El gran dilema estriba en la siguiente pregunta: ¿cómo fomentar la voluntad cuando siendo la meta buena, positiva, la vemos al principio como algo bastante costoso y difícil? Ya lo he dicho antes: *sabiendo hacer atractiva la exigencia y mirando siempre fijamente al horizonte de las ilusiones del porvenir.* ¿Cómo?: utilizando la inteligencia, sublimando los esfuerzos, no dándose uno por vencido cuando las cosas van mal, poniendo algunos toques sobrenaturales que nos eleven por encima de las circunstancias. Los *esfuerzos y las renuncias de ahora tendrán su recompensa.* Solo quien sabe esperar es capaz de utilizar la voluntad sin recoger frutos inmediatos. La mejor de las metas es una ecuación entre felicidad y proyecto personal.

La felicidad como proyecto personal

El tema de la felicidad tiene un fondo interminable. Para llegar a ser feliz es necesario que la vida tenga argumentos concretos, sólidos, firmes, que arrastran al hombre hacia lo mejor. Decía André Maurois en su libro *Sentimientos y costumbres* que es más fácil definir la felicidad por las carencias que el hombre tiene que por las que posee.

La felicidad es la aspiración más completa del hombre, la más alta, su vocación fundamental, su inclinación primaria, hacia la que apuntan todos sus esfuerzos. Aun en las situaciones más difíciles y complejas en las que pueda verse el hombre, ese será su objetivo. Unas veces se presenta de forma clara y concreta; otras, lo hace de modo difuso y abstracto, pero esa es la meta. La *felicidad* es el *bien supremo perfecto, y su objetivo la realización plena de uno mismo*. Esto se concreta en dos segmentos claves: 1) *haberse encontrado a sí mismo*, es decir, tener una personalidad con cierta solidez, en la que uno se encuentra a gusto, y 2) *tener un proyecto de vida.*

Ahora vamos a referirnos especialmente a la segunda. ¿Qué significa tener un proyecto de vida? ¿Qué quiere decir esto? ¿Cómo debe ser entendido? *La felicidad consiste sobre todo en ilusión.* Con ella la vida se vive como anticipación. Nos adelantamos, la vamos diseñando y cuando llega lo anticipado, lo saboreamos lentamente, paladeando lo que trae consigo. La felicidad está basada en encontrar un programa de vida atractivo, satisfactorio, capaz de llenar y que sea el acompañante esencial de la existencia, de nuestra biografía. *La vida es argumental y el proyecto su contenido.* Veamos cuáles son sus principales características.

El proyecto debe ser personal; uno mismo lo diseña, y como protagonista del mismo, su arquitectura la elaboramos según nuestras preferencias personales. Pero es decisiva la voluntad para llevar a la práctica todo este diseño de nuestro porvenir, que responde a unas aspiraciones particulares que constituirán el texto de la vida propia, lo que le dé sentido a la trayectoria de cada uno. *Sentido implica tres rasgos complementarios:* contenido o tejido sustancial del programa; *dirección*, que es el aspecto vectorial de la travesía personal; y, por último, *unidad*, una estructura en donde quedarán integrados armónicamente una serie de distintos elementos.

Para que se desarrolle de forma adecuada el proyecto personal hay que conocer bien el contexto en el que nos lo hemos propuesto. Esto se traduce en estar en las coordenadas de la realidad, en donde se desenvuelve la vida propia, lo cual comporta dos condiciones: conocer las aptitudes y las limitaciones de cada uno.

Por las primeras sabemos para lo que estamos dotados y buscamos esos parajes; por las segundas, nos damos cuenta de los márgenes que ha de tener nuestra andadura.

Sin un serio esfuerzo no puede llevarse a cabo. En él se dan cita un conjunto de elementos determinantes, sin los cuales resulta muy difícil que este prospere. Hay que combatir dos peligros: la dispersión, o sea, querer abarcar demasiado, y además, decir que sí a otras incitaciones interesantes, lícitas pero que distraen de la tarea principal.

Las velas que ayudan a la navegación del proyecto de vida son el orden, la constancia y la voluntad. *Orden* es jerarquía, disciplina, saber que unas cosas anteceden a otras y que se necesita una programación; el orden es sedativo, nos produce paz y serenidad, nos facilita lo que tenemos por delante y que es prioritario. Por otra parte, está la *constancia:* empeño, insistencia, no ceder terreno, no darse por vencido, perseverar…, de este modo los propósitos se van haciendo férreos, firmes, sólidos, pétreos. Hay que ser obstinados con nuestro proyecto personal, es la única manera de que salga adelante. Y en tercer lugar, está la *voluntad,* que podemos definir como aquella capacidad psicológica que hace al hombre singular. Es decir, que *la voluntad se educa a base de ejercicios repetidos de entrenamiento*, a través de los cuales uno busca lo mejor, aunque le cueste; siempre hay en este trasfondo unas notas marcadamente ascéticas. El hombre con voluntad suele tener una mayor resistencia para no desmoronarse ante la adversidad: pero no hay que olvidar que tener una voluntad firme no resulta fácil, sino que requiere aprender a negarse a lo inmediato, buscando lo que está por llegar.

El que tiene voluntad es verdaderamente libre, consigue lo que se propone.

Debo estar preparado para todo tipo de eventualidades que puedan sobrevenirle a mi proyecto. La vida tiene siempre recodos imprevisibles. Cualquier trayectoria biográfica es azarosa, está tejida de hilos que se enlazan y se entrelazan; *de ahí la necesidad*, antes o después, de *restaurar el proyecto*: cambiando, puliendo y perfilando sus aristas.

En alguna ocasión, he comentado la tetralogía de la felicidad que yo propongo: tener una personalidad que se ha encontrado a sí misma, vivir de amor, trabajar con sentido y poseer la cultura como fondo; o sea, *amor, trabajo y cultura*. Soy feliz cuando mi vida tiene un proyecto, en el cual se van desarrollando estos tres rasgos.

Por eso, a medida que pasan los años tengo más elementos de juicio para analizar cómo va esta. Al hacer *balance existencial* extraigo de él *el haber y el debe*. Me examino. Y cada etapa del viaje me ofrece un sabor distinto, según la haya vivido. La alegría y la tristeza, la ilusión y la decepción, el abandono de las metas propuestas, el continuar hacia delante empeñado en llegar a donde uno había previsto, etc. Sin olvidar, por otra parte, que todo análisis de la vida personal es siempre doloroso. A través del mismo, cada parcela del proyecto va rindiendo cuenta de su viaje.

La victoria sobre sí mismo

El verdadero objetivo de la voluntad es conseguir *la victoria sobre uno mismo*, que abre las puertas para la conquista del *autodominio*, a través del cual no nos desviamos de la meta, y nos entregamos con ardor. Y a la hora de llevar a cabo algo desagradable, costoso, vienen a la mente los beneficios que se obtendrán y eso estimula la lucha.

La voluntad es la capacidad para conseguir los objetivos de la juventud y de la madurez, de acuerdo con un plan previo, argumentado y tejido de *motivos y razones*. Ambos empujan hacia lo querido. Hoy está de moda el estudio de la *psicología animal*, porque estos seres vivos están inmersos en el presente, sin capacidad para servirse del pasado, ni para atender al porvenir y preverlo. *El hombre inferior vive aferrado a lo inmediato, mientras que el hombre superior se proyecta hacia delante, sacrificando la satisfacción pronta e inminente.* Hay que saber esperar, perseverar en lo iniciado, no querer conseguir frutos inmediatamente después de haber tomado la determinación de poner a funcionar la voluntad. A ella se oponen, también, la búsqueda febril de la comida y de un confort ilimitado, que aletarga y ahoga cualquier *vibración de vencimiento.*[1] To-

---

1. Para mantener tensa y bien dispuesta la voluntad es esencial *ejercitarse en pequeños vencimientos que no reporten ningún beneficio inmediato.* En ellos, hay entrenamiento y aprendizaje. Hay que batirse con uno mismo, porque el enemigo habita en nuestro interior y tiene distintos nombres: pereza, apatía, cansancio para seguir luchando, búsqueda de lo más cómodo, no tener visión de futuro de uno mismo, etc.

da educación empieza y termina por la voluntad, y esta se enrecia a base de hábitos y de repetición de actos con esfuerzo, que nunca deben ser entendidos como algo maquinal, monótono o mecánico, sino como una *iniciativa personal que está dispuesta para dirigirse hacia lo más conveniente, desatendiendo la voz que pregona las dificultades y sus escollos.* Esto irá permitiendo que nos enfrentemos a muchas empresas sin miedo. No hay rutina cuando se procura poner amor en lo que se hace. Educar no es solo conducir a alguien hacia lo mejor, para sacar todo lo bueno que lleva dentro, sino hacer que esa persona ame el esfuerzo, lo quiera, lo consienta, lo vea como positivo y liberador.

Voluntad y felicidad están muy unidas y relacionadas, siempre que se tengan claros los pasos que se quieren seguir. Para la realización personal en la vida afectiva y en el trabajo debe estar presente la voluntad. No se hacen las cosas por placer, sino por llegar a donde uno se ha propuesto; ello nos sitúa a las puertas de la *felicidad, que consiste en la realización más completa de uno mismo.*

Mediante esta metodología se coronan cimas concretas, de poco valor inicial, pero que van derrotando a esos enemigos de la voluntad. Se la va sometiendo con esta doma. En el capítulo «Voluntad para estudiar» son analizados con más detalle estos aspectos.

Pero, repito, lo mejor es planificar la lucha sabiendo que debe ser gradual la subida de los escalones, partiendo de cosas sencillas que nos preparan para otras más complejas y difíciles.

La felicidad es un resultado

En el Talmud judío leemos el siguiente proverbio, que es como una invitación a la paz interior y a la serenidad, que se esconde en el fondo del hombre feliz:

> El hombre fuerte es el que domina sus instintos y sus pasiones; el hombre sabio, el que aprende de todos con amor; y el hombre honrado, el que trata a todos con dignidad.

Según el Derecho Romano, las claves para llevar una existencia positiva eran tres: «Honeste vivere, alterum non laedere et suum cuique tribuere», es decir, vivir honestamente, no dañar a nadie y dar a cada uno lo suyo. Esta sería la *felicidad del hombre apolíneo*, fundamentada en el orden y el equilibrio.

En otra vertiente nos encontramos con la *felicidad dionisíaca*, la del hombre que busca sensaciones nuevas, movimiento, actividad, bucear en los últimos escondrijos de la realidad para ver qué se encuentra allí y al mismo tiempo explorarse a sí mismo. Entre esta doble posibilidad de felicidad existen muchas concepciones y formas de entenderla. El cauce de nuestra vida se abre paso con nuestra conducta y se cierra con las distintas etapas de su trayectoria. Necesita a la vez forma y contenido, envoltura y sustancia, superficie y profundidad. De esa simbiosis emerge cada forma de ser feliz; para serlo, la vida debe tener unidad, hay que trazar anticipadamente lo que el hombre quiere ser, lo que desea hacer con su vida de acuerdo con un programa previo. Si no hay libertad con minúscula. Cualquier diseño que se haga puede venirse abajo por la imposición autoritaria del medio. El tono argumental de la existencia necesita un mínimo de libertad. Ahora que se abren en toda Europa tantas posibilidades nuevas después de muchos años de totalitarismo, pensar en la felicidad resulta más fácil.

El hombre busca tanto la libertad como la felicidad. Hay una tecnología entre ambas que a cada uno toca descubrir, para lo cual no debe decaer el esfuerzo por alcanzar la meta propuesta. Y que en el camino, aspiremos a los valores eternos, aquellos que no pasan con los siglos: la paz, la armonía con los demás, el encuentro profundo con el otro, la educación para la libertad y la convivencia, la búsqueda de la trascendencia..., promover el amor auténtico.

Si la felicidad es un resultado, la vida es un ensayo hasta conseguir exteriorizar lo mejor, lo más humano que se lleva dentro, sin olvidar que para alcanzar esa paz interior son inevitables las contradicciones, las contrariedades y el sufrimiento en sus diversas formas. Ahí se acrisola la personalidad hasta arribar a su homogénea fisonomía. La felicidad es la experiencia subjetiva de encontrarse uno a gusto consigo mismo, contento con su vida hasta ese momento. Las notas esenciales son la alegría, el júbilo, la satisfacción.

La felicidad se parece a una manta pequeña, que nos tapa, pero que siempre deja una parte del cuerpo al descubierto. También podemos compararla *a un puzle, en el que siempre faltan algunas piezas*, porque esta es un polinomio, producto de muchos factores.[2] Por desgracia, se ve como se pierden muchas vidas por falta de contenido, pues en ellas solo hay apariencia.

La felicidad es la meta del hombre, su máxima aspiración, hacia la cual apuntan todos los vectores de la conducta. Pero hay que buscarla, no se encuentra al final de la existencia, sino en medio de su recorrido. Por eso, es más una forma de viajar que una estación definitiva. La felicidad absoluta es una utopía. Se saborea un gozo especial cuando la vida tiene temática, sabor y proyección de futuro. A lo largo de la vida, la felicidad juega con el hombre al escondite: se va, viene, desaparece, asoma, se esconde, nos muestra la cara y, más tarde, enseña la espalda. La felicidad consiste en una mezcla de alegrías y tristezas, de luces y sombras, pero presididas por el amor. Al adentrarnos en el entramado del corazón humano descubrimos que la coherencia interior es el puente que nos conduce al castillo de la felicidad.

---

2. La felicidad, de entrada, descansa sobre una actitud mental positiva. Es un requisito previo esencial. En una palabra: la felicidad consiste en vivir en armonía y orden con uno mismo. Da pena ver como muchos pierden su vida, al tenerla vacía, sin contenido ni ideales.

El ideal del sabio es estar de acuerdo con uno mismo. Dicho de otro modo: estar contento interiormente, porque una vida coherente conduce a la felicidad.

Aristóteles, en su *Metafísica*, nos dice que «todos los hombres tienden por naturaleza a la felicidad». Séneca, que era estoico, relacionaba la felicidad con la virtud. Platón la ponía en relación a la *sabiduría*.

A última hora, cuando el ser humano hace cuentas sobre sí mismo, sale a relucir la verdad de lo que uno es. Al final de la vida, todo se clarifica, para nuestro bien..., y para nuestra desgracia. Lo mejor es restaurar mientras vivimos el debate entre Antígona y Creonte, entre lo ideal y lo real, entre lo deseable y lo posible.

capítulo siete

Voluntad para la vida conyugal

Es fácil enamorarse y difícil mantenerse enamorado

El enamoramiento es un fenómeno universal, cuyas sensaciones hacen vibrar interiormente. Ortega decía en *Estudios sobre el amor* que era como una *enfermedad de la atención:* hasta ese instante dispersa y moviéndose de acá para allá, y que a partir de un determinado momento se dirige en un sentido determinado, con la mirada, la cabeza y el corazón. Stendhal, en su libro *Del amor*, dice que la *cristalización* es la pieza clave del enamoramiento: la tendencia a idealizar a esa persona, poniendo en ella todo lo bueno, grande, noble y hermoso que el ser humano es capaz de concebir. En definitiva, es tal el hambre de amor que, a veces, de algo relativo hacemos un absoluto. Max Scheler, en *Esencia y formas de la simpatía*, menciona el *entusiasmo* como nota central de esta manifestación afectiva. Erich Fromm, en *El arte de amar*, describe el amor como la principal respuesta a la existencia humana, y llega a afirmar que cualquier teoría del amor debe comenzar con una sobre el hombre, porque amar es abandonar la prisión de la soledad. El propio

Ovidio, en el siglo I a. C., uno de los poetas líricos más admirables de su tiempo, publicó un libro, cuyo título fue también *El arte de amar*, en el cual se nos revelan con toda claridad y fuerza los puntos fuertes donde debe apoyarse el amor del principio para que, con el paso del tiempo, perdure.

Todo amor grande encierra una pasión por lo absoluto. Hoy, con la degradación de la vida afectiva, *a cualquier relación superficial y centrada en la sexualidad nos atrevemos a denominarla amor.* Hay que tener el coraje de llamar a las cosas por su nombre. Hace unos años se puso de moda una expresión que traspasó los umbrales del lenguaje coloquial: *estar unido sentimentalmente.* Para la persona avezada en estas lides, la frase dejaba bien claro su significado. La erotización de la sociedad ha hecho cambiar el panorama sentimental de una forma patente. ¿Hemos mejorado, se ha conseguido que las relaciones del corazón tengan más calidad, sean más firmes y consistentes? Pienso que no. En esta nueva situación son muchos los factores que han influido negativamente, pero dos han tenido un especial relieve: el cine y la televisión.

Hay un excelente libro de Clive S. Lewis, *Los cuatro amores*, que nos expone cuatro experiencias esenciales para controlar todo lo sentimental: el afecto, la amistad, el eros y la caridad. Su tesis descansa en el pensamiento cristiano:

> Los amores humanos merecen llamarse amor siempre que se parezcan a ese Amor, que es Dios.

Incluso llega a afirmar algo que me parece importante:

> Lo más alto no puede sostenerse sin lo más bajo.

Y en cuanto a la amistad, leemos:

> La amistad es el plato fuerte en el banquete de la vida [...], los hombres que tienen verdaderos amigos son menos manejables y menos alcanzables. La amistad es el instrumento mediante el cual Dios revela a cada uno las bellezas de todos los demás.

Maisonneuve, en su tratado *Les sentiments*, define el amor como *un estado afectivo muy completo, interior, pasivo, agradable o desagradable.*[1] Es decir, que entramos sigilosamente en otra galaxia, distinta de los objetivos, para bucear en los pasadizos de la ciudadela interior y descubrir lo más recóndito de ella.

Porque hay que subrayar con fuerza que *es fácil enamorarse, quedarse deslumbrado ante alguien, pero muy difícil mantenerse enamorado*, sobre todo con los valores afectivos vigentes en la actualidad. Y me remito a los datos estadísticos de los últimos años en nuestra cultura occidental. Por eso, se ha puesto de moda una fórmula intermedia, que elude el compromiso y salva el posible fracaso en este terreno: el concepto de *pareja*, como unión afectiva descomprometida, transitoria, que dura mientras la relación funciona, y que si se rompe, no sucede nada. En eso se inscribe un mecanismo habitual hoy en este as-

---

1. Descartes dijo en el siglo XVII que el término *sentimental* designa una realidad privada, un estado mental reactivo, que varía de concepción según la época. Y Pascal dijo en una célebre frase: «El corazón tiene razones que la razón desconoce». Era lo que él llamó *l'esprit de finesse:* estado psicológico, pasivo, ligado al cuerpo. Malebranche lo expuso así: impresión confusa, psicofísica e individual y como percepción intelectual.

pecto: la falta de dramatización en todos los órdenes. Es la mejor manera de sortear las dificultades... aunque, a la larga, la vida pierde sabor, contenido y, por supuesto, coherencia.

El drama de la convivencia

Debemos pasar del enamoramiento, de esos momentos exultantes en los que se dilata la personalidad, al día a día, al plano de la realidad. Las diferencias entre ambos —realismo e idealismo— son grandes y es básico estar bien preparado. Si no existe claridad de ideas, se puede caer en la trampa de decir que uno se ha desenamorado y lo que realmente sucede es que, como en todas las parejas, la relación pone a prueba a los dos, cuando pasa el tiempo y la convivencia deja al descubierto lo que somos cada uno.

¡Qué tema tan importante y tan difícil el de la convivencia! *Porque la vida diaria sigue siendo la gran cuestión.* Todas nuestras teorías, ideas, argumentos y estilos psicológicos vienen a convocarse aquí: a la realidad de residir en el mismo sitio y habitar juntos.

Convivencia es, ante todo, compartir, participar en la vida ajena y hacer partícipe al otro de la propia. La convivencia es una prueba complicada en la que demostramos muchas cosas de nuestra personalidad.

En este tramo inicial del siglo XXI creo que una de las mayores dificultades objetivas estriba en la convivencia en la que todos nos deslizamos en una especie de desequilibrio e inestabilidad. Cuando convivimos con alguien se percibe en vivo y con gran claridad la necesidad de buscar soluciones y alternativas para hacer posible la vida ordinaria.

He comentado en alguna otra ocasión que uno de los cánceres sociales de nuestros días es la ruptura conyugal. Pues bien, también la vida familiar, en general, se ve surcada hoy por experiencias dramáticas y queda destrozada y herida cuando le vienen todo tipo de desavenencias.

Una buena convivencia no resulta fácil, pues implica un esfuerzo importante de la voluntad y una capacidad suficiente para aceptar vivir con otras personas. Dibujaremos los aspectos más esenciales de este tema, los principios de donde debemos partir para ir alcanzando una relación positiva entre las distintas personas que conviven en el seno, no ya solo de la vida familiar, sino de cualquier comunidad humana relativamente pequeña. Soy de los que piensan que *la primera fuente cultural es la familia*, por su grandeza, su importancia y el papel decisivo que desempeña en la formación y la configuración de la personalidad de cada uno de sus integrantes. Pues bien, estos puntos cardinales son, en mi opinión, los siguientes:

Primero. *Tener un conocimiento adecuado de uno mismo* es el principio básico, es decir, saber las cualidades y las principales características de la propia psicología personal. Esto es imprescindible. Implica enfrentarse con uno mismo y procurar resolverse como problema o ecuación; ahondar, profundizar, captar, para llegar a *saberse*, a *conocerse*. Esto concluye en que debemos conocer las aptitudes y las limitaciones personales. De este modo será más fácil controlar las borrascas y las tempestades que ineludiblemente habrán de sobrevenir.

Segundo. *Esforzarse por limar, pulir y rectificar aquellos aspectos de la personalidad que dificultan, entorpecen o impiden el trato y la relación cotidiana.* Se trata de luchar por desterrar lo negativo, modelando las aristas y las vertientes menos sanas del propio comportamiento. Toda esta *tarea de reforma personal es ligera, pero continua;* suave y sosegada, pero firme y compacta. Sin estos propósitos concretos, no debemos esperar cambios que favorezcan una mejor relación entre las personas.

Hay que evitar con los demás los denominados «prontos de carácter» en el lenguaje coloquial (reacciones impulsivas, pérdida del autocontrol ante estímulos insignificantes), la utilización de esquemas rígidos, intransigentes y herméticos, así como la susceptibilidad, los cambios bruscos de humor inmotivados o la desconsideración sistemática ante opiniones ajenas a las propias.

Tercero. El *conocimiento del contexto o de la realidad donde se desarrolla la convivencia.* Este conocimiento se vertebra en dos direcciones: por una parte, el *conocimiento de la realidad propiamente dicha*, es decir, la situación concreta en la que tiene lugar esa relación. En definitiva, debe existir la prudencia, la *sindéresis*: la valoración adecuada de la realidad. Aristóteles, en su *Ética a Nicómaco*, la define y nombra como ordenadora del querer y del obrar.

Por otra parte, la otra dirección radica en el *conocimiento ajeno*. Conocer a las personas con las que se convive, para *entenderlas* primero y *comprenderlas*, después. *Entender* quiere decir ponerse en el lugar del otro, situarse en su espacio vital, ver el mundo desde su perspectiva. *Comprender* implica una operación más avanzada: significa abrazar, unirse, hacer los intereses y los problemas del otro parte de los propios.

Cuando le decimos a alguien: «Comprendo lo que te pasa», «Me hago cargo de lo que está sucediendo», estamos yendo a su encuentro para ayudarle con nuestra cabeza y nuestro corazón. Por eso *comprender es aliviar.*

Cuando sabemos cómo son los que conviven con nosotros codo con codo, diariamente, tenemos unos criterios objetivos para ir ensayando una forma más adecuada de convivencia. «Tengo que hacer mi vida con los demás», ese es el *texto* y el *contexto* de la convivencia, su contenido y su estructura.

Ahora bien, hay que subrayar que *la convivencia, al igual que la vida, debe ser argumental.* Esto significa que va más allá del mero estar juntos o próximos. Esto es la compañía: contacto externo e interno. *Los argumentos afectan positivamente con su mensaje el panorama y el contexto familiar.* Le dan peso y consistencia. Esta segunda se refleja en la primera.

Cuarto. Para que la convivencia sea posible debe haber *respeto y estimación recíprocos*; ambos están íntimamente conectados. El *respeto* es atención, consideración, deferencia, tener en cuenta la dignidad de la otra persona, apreciando a cada uno según su valía. Algo de eso encierra la palabra *tolerancia.* Voltaire, en su *Tratado sobre la tolerancia*, la define como la gran herramienta de la vida en común, mediante la cual el hombre es capaz de coexistir pacíficamente en medio de las más diversas posturas ideológicas. Locke, en su *Carta sobre la tolerancia*, nos explica que tolerar es no oponerse inflexiblemente a las diferencias de contrastes que trae consigo vivir en comunidad. El triunfo de la Ilustración en el siglo XVIII y del pensamiento liberal en el siglo XIX han reconocido como primordial el *principio de tolerancia* en la vida política y social.

Este es el camino para alcanzar una *apreciación mutua*, en medio de la diversidad de formas y maneras de ser y de pensar.

Así se aprende a dialogar, ya que el diálogo constituye una de las facetas centrales de la convivencia. Debemos ser capaces de escuchar y, simultáneamente, de argüir, de mostrar argumentos, de expresar la propia opinión. De este modo, uno puede manifestar su acuerdo o su desacuerdo sobre un tema concreto, pero lo expresa sin ofender, sin faltar ni descalificar a esa persona que está disconforme con nuestro punto de vista.

Muchas incompatibilidades de caracteres arrancan de aquí, por no asimilar adecuadamente esto. Se trata, en el fondo, de *aceptar el pluralismo*. Cuando se tiene esta visión tan amplia, el horizonte se ensancha, la vida se hace más llevadera y sus leyes específicas se agrandan.

Ser pluralista no es buscar identidad de criterios, ideas y gustos, sino aceptar de buen grado la diversidad enriquecedora y recíproca.

Quinto. La vida humana debe ser sistemática y tener un orden, unas secuencias, unas conexiones sucesivas. Cuando la vida acontece demasiado deprisa, como ocurre hoy día, casi inevitablemente surge el desorden. *El orden es como el analgésico de la inteligencia.* Un sedante, un portador de serenidad y sosiego. Pues bien, cuando se dan estas condiciones psicológicas, no fortuitamente, sino buscadas y perseguidas, a pesar del ritmo vertiginoso que la vida tiene en la actualidad, el hombre es capaz de pensar. Aquí quería llegar. Se trata de *pensar en cómo mejorar la convivencia* y poner los medios prácticos para llevarlo a cabo. Se puede tratar de mejorar cualquier relación. Creo que debemos empezar por estos puntos. Así, la conducta se hace más racional y se combate el vaivén, el trajín, el ir y venir sin tiempo para nada y para nadie.

La vida cotidiana está hecha e hilvanada de detalles pequeños

La vida acelerada, trepidante, vertiginosa, hace muy difícil la convivencia, porque, antes que nada, *uno está cada vez más lejos de sí mismo*, traído y llevado, y en un constante ajetreo por tantas cosas que lo distraen. En estas latitudes se inician muchas rupturas conyugales que podrían haberse evitado. ¿Qué hacer por tanto? Lo mejor es vivir el momento preciso y limitado de cada día y poner en él lo mejor que uno tiene. No olvidemos que *la vida se compone de detalles pequeños*. Yo diría más aún: *la vida está en los detalles*. Hacer la casa habitable es llenarla de afecto y comprensión. Son muchas las cuestiones que pueden llevarse a cabo: interesarse por los afanes y las preocupaciones del otro, hacer amable la vida sabiendo disculpar, poner buena cara cuando uno se siente afectado por algo, desdramatizar los pequeños contratiempos que siempre están presentes, aprender a tener una visión positiva de las personas y de los hechos, tener la suficiente mano izquierda para sacar a relucir el sentido del humor siempre que sea necesario, etc.

La convivencia debe ser una escuela donde se ensayan, se forman y se cultivan los principales valores humanos: el espíritu de colaboración y de servicio, la generosidad, la capacidad de comprensión, la fortaleza, la paciencia, la sinceridad... Son un sinfín de detalles en el trato que edifican una convivencia más armónica. Los psiquiatras sabemos que en las denominadas *familias neuróticas* o en muchos hijos de padres separados, la ausencia de estos elementos deja unos huecos muy serios, unas secuelas que luego pondrán de relieve fallos y falta de entrenamiento positivo para alcanzar unos niveles adecuados en el trato y la familiaridad de la vida diaria. Entonces es cuando se necesita la voluntad. Hay que poner esfuerzo y voluntad en cuestiones menudas, en apariencia poco importantes, pero que hacen a la persona sutil, delicada, cuidadosa, que sabe poner amor y tolerancia en esa asignatura siempre en primer plano: la vida cotidiana por la que se desliza nuestra existencia.

La vida diaria, con sus ingredientes, sigue siendo el gran motivo. Tener esto presente y obrar en consecuencia tendrá unos frutos sabrosos, siempre y cuando seamos capaces de perseverar en ellos. *La capacidad diaria para convivir es como un registrador de la altura, la anchura, la profundidad y la categoría del perfil de la personalidad de cada uno.* Jean Guitton, en su libro *Le démon de midi*, decía que cuando el amor no es romance necesita ampararse en otros presupuestos que le den fortaleza, como son: abrirse a los demás, pensando en ellos y en lo que más les satisface; buscar más lo que une que lo que separa; crear lazos y tejidos de vinculaciones, etc. Y otro gran pensador francés contemporáneo, Gustave Thibon, en *La crise moderne de l'amour*, comenta que el hundimiento del concepto del amor en la actualidad gravita en la falta de armonía del ser humano: el amor se ha convertido en sexo, la fidelidad es para muchos algo antiguo, la falta de esfuerzo para la compenetración de los caracteres o la inestabilidad afectiva. En mi libro *Remedios para el desamor* he trazado algunas coordenadas prácticas sobre las que debe moverse la psicología de la pareja para que la vida conyugal funcione. A ellas me referiré enseguida.

Los siete ingredientes del amor conyugal

Mi espíritu universitario, académico, me lleva a intentar explicar de forma ordenada lo que yo llamaría *los siete puntos básicos del amor en la pareja.* Para mí, en ellos se encierra la comprensión de este capítulo. Se habla mucho de *amores* y de *uniones sentimentales*, pero poco de lo que debe ser *el verdadero amor.* Entre ambos hay diferencias abismales. El amor auténtico tiene poco que ver con esa especie de gelatina emocional o de mermelada afectiva, tan en boga a través de las revistas del corazón y de los medios de comunicación audiovisuales, cuyo contenido es un *romanticismo sensual.* Un buen exponente de lo que digo son las *telenovelas*, cuya pobreza argumental se apoya sobre un tratamiento elemental del amor, del enamoramiento y de todo lo que de ambos se deriva.

Todo esto desemboca en la *cultura rosa:* se presentan los sentimientos para captar y cautivar a la audiencia, repletos de conflictos y de situaciones inesperadas, que aportan muy poco a la edificación de la madurez de la personalidad. Lo importante en los programas —radio o televisión— es divertir y asombrar; su objetivo debe ser ganar audiencia, por lo que el nivel cultural y de contenidos toca fondo, es nulo. No olvidemos la cantidad de personas que siguen estos programas.

Si no se ordena el amor, si el corazón no está bien custodiado, las formas que puede adoptar la afectividad, de entrada, pueden parecer interesantes, con un tono refrescante, por lo que significa el cambio, pero, a la larga, llevan al vacío y al caos biográfico. De ese modo, cualquier liberación no será auténtica, por mucho que así la llamemos, algo que veremos a través de sus resultados. Para que la felicidad esté bien ajustada y no sea un espejismo de momentos más o menos gratificantes, hay que ordenar los *latidos de la vida afectiva*, para que esta no termine rebelándose, al comprobar con el paso del tiempo el fraude en el que se ha vivido, por haber cambiado y malinterpretado palabras y contenidos referidos al amor.

Estos componentes del amor son los siguientes: un *sentimiento* y una *tendencia*, de entrada, los cuales deben apoyarse en unas *creencias comunes;* después, en cuarto y quinto lugar, el amor debe ser con el paso del tiempo, no al principio, un *acto de la voluntad* y de la *inteligencia*, aunque esto no se lleve ni esté bien visto hoy; pero me parece decisivo, esencial, básico. Y, finalmente, dos notas añadidas: el amor hay que entenderlo como *compromiso* y *dinamismo*. Esta es su alquimia. Cada uno de estos elementos y todos en su conjunto edifican un amor trabajado, sólido y esperanzador que nos conduce a vivirlo de forma plena, con las lógicas e inevitables dificultades que tiene la convivencia, pero ya con unas hechuras que lo harán fuerte. *No se puede vivir sin un gran amor en el corazón.* En tiempos de crisis de valores, esto se hace más necesario, pues la fragilidad de los principios surge por cualquier lugar. Esta sociedad occidental del primer tramo del siglo XXI está asistiendo a una nueva epidemia, contagiosa y dramática: las crisis y las rupturas conyugales, como consecuencia de una profunda decadencia del hombre de hoy, perdido y sin referentes. El hombre nunca ha sabido tanto de sí mismo como ahora, y al mismo tiempo, nunca como en la actualidad ha estado tan desorientado, desequilibrado y sin saber a qué atenerse. Y esto es especialmente grave por lo que respecta al amor.

La información minuciosa que recibe el hombre actual sobre cualquier tema político, económico o social no suele ser formativa. Otra paradoja más de los tiempos que corren es la *información no formativa* que existe, es decir, que no hace que el ser humano se vuelva más culto, con más criterio, con más humanidad... Antes al contrario, esta cascada de datos le dejan perplejo, pensando cuántos males y desgracias están llegando continuamente a sus oídos. Y es que parece que todo lo relacionado con las noticias es negativo; por no hablar de las revistas del corazón, los *tebeos de los mayores*, que sin cesar nos presentan las rupturas de los famosos, los fracasos sentimentales de parejas débiles. Todo eso crea un clima negativo, en el que se cultivan amores inconsistentes, sin fuerza, sin contenido, con una estructura deficitaria.

Todo amor ha de pasar necesariamente por etapas de situaciones tensas, difíciles, pruebas inevitables, hasta hacerse maduro. La condición humana es así. Dicho de otro modo: *el amor necesita cierto aprendizaje, que encuentra en la convivencia su punto de inflexión.* Ahí recae la importancia de la voluntad.

La voluntad es un rodrigón en el que se ha de apoyar el amor tras sus primeros momentos. Al principio, la voluntad participa mínimamente en este proceso afectivo, pues todo fluye de forma suave, movido por los vientos ligeros de la ilusión y la novedad. Cuando pasa el tiempo —pero también al principio— la convivencia se manifiesta con sus problemas y dificultades y es entonces cuando llega la hora de poner a funcionar esa voluntad, la cual *debe estar preparada para luchar por vencerse y acomodar su carácter al de la otra persona.*

El amor maduro está hecho de voluntad e inteligencia

Hoy muchos enlaces conyugales están elaborados con *materiales o bases poco consistentes.* Con esos presupuestos no se puede llegar muy lejos. Como he dicho antes, *el amor nace de los sentimientos y a la vez que madura se dirige hacia el mundo intelectual guiado por la voluntad.* A muchos les cuesta entender esto, porque la marca social se mueve en otra dirección. Pero es así. La vida afectiva se desliza como un teorema que sigue este recorrido sentimental.

No digo que al principio esto sea así; me refiero a etapas más avanzadas del amor. En sus comienzos todo es como una eclosión de expresiones afectivas algo desligadas de lo puramente racional. Para vivir un amor en profundidad y con la pretensión de que sea duradero, este debe estar regido por la voluntad y la inteligencia.

Inteligencia es capacidad de síntesis; saber distinguir lo importante de lo anecdótico; aprender a ensayar soluciones nuevas y situaciones difíciles, inesperadas o conflictivas.

Codificar de forma correcta la información que se recibe, para ofrecer una respuesta coherente y positiva, que lleva a dar la mejor conducta posible. Esto, traducido al lenguaje de la psicología conyugal, podemos expresarlo del siguiente modo: tener el don de la oportunidad, aprender a callar[2] siempre

---

2. *El que gobierna su lengua, se controla en un 90 por ciento.* Toda terapia de pareja debe arrancar, de alguna manera, de aquí. El descontrol

que sea necesario, saber aplazar un tema difícil para un momento adecuado, no sacar la *lista de agravios* del pasado a raíz de una situación tensa, evitar discusiones innecesarias, *saber entender a la otra persona*,[3] tener detalles pequeños positivos hacia ella, compartir cosas juntos, aprender a desdramatizar pequeños problemas que surgen en la convivencia diaria, saber pedir perdón sin esperar a prolongados silencios que nunca tienen buen final, etc. Son muchos puntos los que hay que cuidar, pero todos con un mismo origen o fin a la vez: la compenetración de dos personalidades en sus distintos aspectos: físico, psicológico, social, cultural y espiritual.

Este amor está en crisis porque los resortes y los puntos de

---

verbal, la descalificación, el repasar una y otra vez errores del pasado, etc., son vías muertas que hay que evitar. Hay que eludir pasar por esto y traer consigo una situación grave que erosione la convivencia.

3. *El amor de la pareja necesita de un aprendizaje gradual.* Es un serio error pensar que este amor es algo fácil y sencillo. Aaron Beck, catedrático de Psiquiatría de Nueva York, ha publicado un libro que ha tenido gran difusión: *Con el amor no basta*, Paidós, Madrid, 1990. En él todo esto es comentado.

Todo aprendizaje requiere una tarea progresiva de adquisición de recursos y estrategias. Pasará por diferentes travesías hasta estar bien y que no se desmorone ante los oleajes y tempestades que nunca faltarán.

Aprender es tomar nota de fallos y desaciertos, con el fin de mejorar la conducta. Aprender es rectificar, buscar comportamientos más adecuados para hallar vías de expresión más armónicas y equilibradas. Tiene que darse de entrada el querer conseguirlo. Hay una búsqueda, un intento de encontrar los caminos mejores.

Véase el libro de Jean Gaudemet *Le mariage en Occident*, Le Cerf, París, 1987. En él se estudian las vicisitudes de la institución matrimonial a través de dos milenios. La crisis actual es gigantesca y hay que esquivarla teniendo puntos claros de apoyo sobre los que fundamentarse.

apoyo del hombre moderno se han vuelto más frágiles. Pensemos en lo que yo he denominado *el hombre light:*[4] un ser sin valores movido solo por el materialismo. Cuando la existencia transita a ritmo vertiginoso, pero sin saber adónde se dirige, marcada por la superficialidad y la bandera de la frivolidad, antes o después deja al descubierto unos vacíos que harán que todo se desplome por falta de consistencia. En muchas de estas vidas no hay más que superficialidad y apariencia de cara a la galería.

No hay auténtico progreso humano si este no se desarrolla con un fondo moral. Sin él, el hombre queda suspendido en un estado de nihilismo agazapado que le atraviesa y que lo conduce a la dejadez, la apatía, el descompromiso de todo lo que exija una cierta renuncia, etc. *Un hombre sin ideales tira por la borda su proyecto personal.*

El amor necesita, también, de la voluntad. Se tratará, por lo general, de hacer *ejercicios pequeños y repetidos de rectificación, adelanto y progreso en la comunicación de la pareja.* No suelen ser cosas extraordinarias, ni «el más difícil todavía», sino cuestiones de escaso valor, pero que si no se lucha por ellas, la comunicación se entorpece y todo se viene abajo. Lo que al principio pueden ser desavenencias insignificantes, al repetirse, al caer en ellas una y otra vez, inciden en la vida matrimonial y su funcionamiento; y a la larga aquello puede entrar en una situación seriamente conflictiva.

---

4. Véase mi libro *El hombre light*, Temas de Hoy, Madrid, 1992. Me refiero a las cuatro cosas que anidan en él: *hedonismo, consumismo, permisividad y relativismo*. El vacío de ideales constituye la más amarga de las carencias.

Voluntad en la vida conyugal significa luchar por las cosas pequeñas, concretas, bien delimitadas, que ponen en peligro cuando surgen la estabilidad de la pareja. Pensemos en las discusiones, que suelen originarse por naderías, pero que ponen en marcha mecanismos agresivos, descontrol verbal y la aparición de la *lista de agravios*, que puede arrasarlo todo con su fuerza. Tener una voluntad bien dispuesta es algo que se consigue después de un cierto tiempo de entrenamiento: supone semanas, meses, e incluso años de lucha pertinaz contra uno mismo. Uno se vence y uno cae, pero se tienen bien claros los *medios* y los *fines*, la *metodología* y la *meta*.

El que lucha y pone la voluntad en esta lid está siempre alegre, aunque pierda batallas. El tiempo lo hará recio, fuerte, sin desánimo. *Al que tiene educada su voluntad le resultará más fácil soportar bien los conflictos, los riesgos y los tropiezos de la convivencia.* Conoce sus complicaciones y no se desalienta cuando arrecian los escollos, supera los obstáculos y le da la vuelta a los contratiempos, cuando ponen en peligro su estabilidad. *La repetición de actos de esfuerzo y aprendizaje prepara para la lucha deportiva.*

Estos dos pilares de apoyo, la *inteligencia* y la *voluntad*, no tienen buena prensa hoy, pero son definitivos para conseguir un amor maduro. La inmadurez afectiva subraya que el amor es como un viento, que va y viene, sin límites ni control. Eso es falso, pues si así fuera, quedaría hipotecada a los vientos exteriores nada más y nada menos que una de las parcelas más importantes de la vida, la sentimental. *Para que el amor se haga maduro, hay que ganárselo en una pelea positiva y estimulante, aspirando a una posición estable, armónica y proporcionada.*

La casuística

Los psiquiatras somos médicos *que estudiamos las superficies y las profundidades psicológicas*. Entramos en los pasadizos interiores buscando la respuesta a la conducta. La consulta es como un observatorio, desde donde se ve la vida ajena con minuciosidad, donde el médico aprende la diversidad de comportamientos existentes, unos sanos y otros enfermos. Por eso, la experiencia es esencial. *La vida enseña más que muchos libros*. Voy a mencionar algunas historias clínicas extraídas de mi consultorio privado, que pueden ser didácticas y ejemplares de todo lo que he venido exponiendo en este capítulo.

Matrimonio en el que él tiene 59 años y ella 51. Tienen cuatro hijos. Nivel socioeconómico medio alto. Nos dice el marido: «Yo siempre he sido un luchador nato en mi trabajo. Ahora echo una mirada hacia atrás, y cuando veo lo que he hecho profesionalmente en los últimos veinte años, me asombro. Pero luego está mi vida matrimonial, que de vez en cuando aparece amenazada con momentos muy malos y situaciones en las cuales no veo otra salida que separarme.

»Mi mujer me quiere controlar permanentemente. No tiene habilidad conmigo. Siempre se está quejando de que no le hago caso y no me ocupo de ella. Y yo no tengo conciencia de eso. Hemos venido a su consulta porque ella me lo ha pedido... aunque la verdad es que yo creo poco en los psiquiatras».

Nos dice la mujer: «Mi marido está todo el día trabajando y me hace poco caso. Pero hay momentos en que pienso que no estoy casada con él, pues compartimos pocas cosas. Me rebelo. De vez en cuando necesito desahogarme y decirle lo que pienso... Él se cree que con el dinero que me da o la situación económica que tenemos está todo resuelto, y está muy equivocado. Me siento una mujer insatisfecha. He pensado varias veces en separarme, pero en serio. Y ha llegado el momento de arreglarlo o de que nos separemos».

En la terapia conyugal hay un primer momento en que tras llevar a cabo la *historia clínica por separado* con cada uno, pedimos lo que yo llamo un *rastreo psicológico*, que se resume en una *serie de peticiones* sobre qué quitaría y qué añadiría en la conducta del cónyuge para que se consiguiera una mejor armonía conyugal. Con frecuencia esta relación de observaciones psicológicas es demasiado vaga y abstracta como para trabajar con ella, y hay que repetirla, buscando un lenguaje más conciso y operativo.

Tras estas dos etapas, iniciamos un *behavior schedule*, un *programa de conducta*, basado en intentar reforzar[5] la conducta positiva de forma recíproca. Se trata de una *terapia cognitivo-conductista*, en la que se establecen claramente los

5. Se llama *refuerzo* en psicología moderna a todo cambio en los estímulos que incrementa la probabilidad de una respuesta. En el *conductismo todo descansa sobre la relación estímulo-respuesta*. El *estímulo* puede definirse como cualquier situación o suceso o hecho que puede ser observado objetivamente y que provoca una reacción o respuesta de un sujeto. La *respuesta* es la consecuencia.

En la terapia conyugal esto es decisivo. Se trata de corregir errores, estableciendo comportamientos más positivos, hacer que aumente la emisión de conductas más agradables, más sanas.

No hay que olvidar que las respuestas pueden ser tanto públicas como privadas, objetivas como subjetivas.

objetivos psicológicos, así como su *vertiente instrumental* (cómo ir progresando en esa dirección).

Previamente, situé a cada uno de ellos ante el estado real y los riesgos reales de su actual momento conyugal. Sin dramatizar, pero con claridad. La mayoría de las sesiones fueron independientes. Sistematizo de forma muy resumida las *peticiones de ella:*

Lista de peticiones de ella

— Que trabaje menos, así es muy difícil que esto funcione, pues casi no le veo.

— Que exista más diálogo entre nosotros. Solo hablamos cuando hay algún problema de los hijos, o de sus estudios, o de las personas con las que salen.

— Que tenga detalles conmigo: preguntarme por mis cosas, interesarse por lo que he hecho, a dónde he ido, con quién he estado...

— Que alguna vez me llame por teléfono desde su trabajo... Para mí eso sería una sorpresa enorme.

— Que no se queje de lo ocupado que está.

— Un tema difícil es el de las relaciones sexuales. Aquí nos hemos entendido siempre bastante mal. Por una parte, quiero que él me prepare, lo que para mí significa ternura y, después, que cuando hayamos terminado no me deje de lado, como una cosa que se utiliza y luego se desecha.

— Que no quiera llevar siempre razón, diciéndome todo lo que él sabe, la experiencia que tiene, lo que ha estudiado... Le cuesta darme la razón; yo, en cambio, sé ceder.

— Que me pida perdón o disculpas cuando ha hecho algo mal o me ha ofendido. Esto le cuesta un trabajo enorme.

Recapitulo aquí lo más destacado. Pero en estos ocho puntos se resumen muchas cosas a la vez. Con ellos trabajamos haciendo un *programa de conducta*.

Lista de peticiones de él

— Que no me saque tantas veces las cosas negativas del pasado *(lista de agravios)*. No puede evitarlo, es superior a sus fuerzas. Es como una necesidad imperiosa.

— Que me esté pidiendo dinero siempre; a veces, pienso que solo sirvo para eso... o al menos así lo entiendo yo.

— Que me corrija delante de mis hijos o que se ponga a discutir delante de ellos.

— Su afán polémico. Que no se empeñe en discutir una y otra vez sobre cualquier tema.

— Que tenga tacto conmigo; no sabe lo que es ser diplomática.

— Que para tener relaciones íntimas no tengan que darse unas condiciones excepcionales: todo en paz, que no haya existido una discusión en mucho tiempo.

— Que no me diga que la utilizo sexualmente. Eso me enerva.

— Que no se compare con otros matrimonios más o menos parecidos a nosotros: si salen más, si viajan, etc.

— Cuando venimos de una cena con amigos o conocidos, que no me haga una crítica de lo que dije o comenté. Cualquier frase mía es a veces analizada por ella al milímetro.

Vemos aquí un caso bastante representativo. Tras las dos primeras sesiones se diseñaron ambos *programas de refuerzo*. Se insistió mucho en la importancia de la *motivación*. Alcanzar puntos de acuerdo, limar asperezas, lograr la capacidad de perdón, y, por supuesto, centrarse cada uno en los puntos concretos recibidos en la psicoterapia.

En la quinta sesión, ya había una notable mejoría. Entonces, a la mujer se le retocaron algunos puntos. Se añadió uno que fue muy bien recibido por ella: *aprender a remontar el típico día/momento malo*. Se acompañó de un *lenguaje cognitivo*[6] para aplicar en esas circunstancias. El marido puso en práctica el denominado *día rosa*,[7] lo que potenció en su mujer la ilusión de seguir esforzándose en mejorar, de acuerdo con los esquemas señalados. Es frecuente en este tipo de casos que el psiquiatra sepa neutralizar las quejas de unos y otros, valorándolas de forma fría y objetiva, haciendo ver lo habituales que son las *deformaciones de la realidad:* que los relatos de los acontecimientos sean claros, desapasionados, intentando verse a sí mismos «desde el patio de butacas».

Veamos otro caso también muy representativo:

---

6. Se trata de una especie de *mensaje* o *diálogo interior* que ha de repetirse sin emisión de palabras, mentalmente, para cambiar esas emociones negativas por otras neutras o incluso positivas. Lenguaje corrector que se inspira en la psicología cognitiva, y que tiene como paradigma el *modelo del ordenador*.

7. Véase mi libro *Remedios para el desamor, op. cit.*, pág. 216 y ss. Objetivo: optimizar la relación, de manera que uno de los cónyuges le dedique un día al mes haciendo todo lo posible por agradar a la otra persona. Previamente se hace un *listado de cosas que uno quiere recibir en ese día*. Aquí el papel del psiquiatra es decisivo.

Se trata de una pareja que lleva doce años casada. Tienen tres hijos. Ambos tienen carreras universitarias, posición socioeconómica alta. Él es el típico número uno: muy ordenado, sistemático y gran trabajador. Ella es abierta, comunicativa, sociable, siempre con bastante éxito con los chicos. Se llevan siete años.

La convivencia entre ellos siempre ha tenido rachas difíciles y altibajos. Al principio, las dificultades vinieron por tensiones entre ambas familias políticas, lo cual se subsanó con la ayuda del psiquiatra, que dio unas pautas de conducta que despejaron el panorama. El cociente intelectual de cada uno de ellos y sus recursos psicológicos facilitaron la superación del asunto.

Pero desde hace un par de años, la convivencia se hizo bastante difícil: fuertes discusiones, días enteros sin hablarse, quejas recíprocas, malas interpretaciones de pequeños fallos, celos por parte de ella (totalmente infundados), etc. Todo lo cual ha hecho que vuelvan a la consulta después de siete años.

Aquí, para cambiar el discurso clínico, pondré de relieve los objetivos de cada uno, en vez de la lista de correcciones que se pide o sugiere al otro.

Programa de conducta que recibe ella

Solo señalo el índice del repertorio de objetivos psicológicos que se deben cuidar, prescindiendo de la parte instrumental:

1. Esforzarme por transmitirle serenidad a mi marido, desagobiarlo, no ir a decirle en el peor momento problemas, dificultades o temas difíciles.

2. Unificar criterios prácticos para la educación de los hijos: hora de llegada, posibles castigos, tema de estudios, etc. No ser tan suave con ellos: permitirlo todo no es educar.

3. Luchar por no sacar la lista de agravios. Cueste lo que cueste, tengo que poner de mi parte en esto, si quiero que nuestra relación mejore.

4. Respeto de palabra y de gestos: ser menos impulsiva, cuidar las caras largas, los gestos despreciativos, etc.

5. No iniciar discusiones por temas triviales, sabiendo que de ahí se pueden originar situaciones de alta tensión psicológica. Corregir mi fondo pesimista.

6. Compartir más cosas juntos. Proponer salidas, sugerir con antelación planes interesantes para el fin de semana.

7. Tengo que poner de mi parte para ser menos susceptible con «las cosas de mi marido». A veces, pequeños atranques, frases de él o descuidos, me los tomo de forma exagerada, dramática.

8. Elogiarlo con alguna frecuencia en público: de forma moderada y en cosas concretas y positivas. También en privado, que note que sé valorarlo.

9. Saber dar ciertos temas por cerrados. No querer una y otra vez volver sobre el mismo asunto. Tema analizado, cuestión zanjada.

10. Facilitar con más frecuencia las relaciones íntimas. No puedo estar siempre poniendo dificultades de distinta índole a la hora de estar juntos.

11. No estar regañando siempre a la hija más pequeña (la relación madre-hija no ha sido buena desde hace tiempo). Desde ahora voy a procurar decirle el menor número de co-

sas posibles. Acercarme a ella con una actitud más positiva, intentando recuperar el terreno perdido.

Programa de conducta que recibe él

1. Ser más generoso en todo lo referente al tema del dinero, evitando decirle que es una persona muy gastosa o que tira el dinero. En todo caso, hacer un inventario de gastos, para ver cómo va la administración.

2. Quiero, desde ahora, que exista más diálogo entre nosotros. Cosas diarias, comentar temas de actualidad, sacar yo temas de conversación, evitar pertrecharme detrás de los periódicos sin decir nada... Esto a ella le produce un efecto muy negativo.

3. Tener más estabilidad emocional. A veces paso de estar bien a ponerme muy irritable y nervioso por alguna contrariedad. O me quedo callado horas e incluso días. Recordar las sugerencias psicológicas de aprender a filtrar mejor los estímulos externos e internos.

4. Con los hijos, ser menos extremista: evitar la llamada *ley del todo o nada.*

5. Dedicarles más tiempo a mis hijos. Contar las horas dedicadas a la semana. Hacerme amigo de ellos. Ponerme a su altura.

6. Aprender a decir que *no* con más frecuencia en temas profesionales. Estoy muy ocupado y a veces da la impresión de que quiero sobrecargarme de más cosas. Tengo que rectificar en esto, si no quiero que mi trabajo me absorba totalmente. Concretar.

7. Ser más detallista con mi mujer. Hacer cosas pequeñas, gratificantes, en las que pueda ver que estoy pendiente de ella, aunque esté muy ocupado.

8. Irnos algún día a cenar juntos solos o al cine. Hablar con ella. Hacer con frecuencia «parones» de este tipo, previstos unas veces y, otras, sin avisar.

También la mejoría en este caso fue notable, pues eran personas capaces en cuanto a su voluntad, pues en otros ámbitos de su vida lo habían demostrado. En ocho sesiones (una vez a la semana) se pudo observar una mejoría clara. La lectura de unos cuantos libros sobre psicología conyugal facilitó las cosas.

El psiquiatra es un artesano de la conducta. Lleva a cabo una especie de *tarea de orfebrería.* Pone en marcha una *ingeniería para deshacer conflictos y tensiones*, sabiendo proponer normas de conducta más sanas y maduras. *La convivencia es un buen campo de maniobras para poner en práctica la voluntad:* ofrece pequeñas ocasiones y oportunidades para templarla, mediante entrenamiento, en apariencia insignificantes, pero que a la larga tienen su valor. *Esas ocasiones son oportunidades para adquirir hábitos positivos que definan la personalidad y corrijan los defectos del carácter.*

capítulo

ocho Educación sentimental

Viaje al interior de la afectividad

La afectividad constituye uno de los capítulos más importantes de la psicología y la psiquiatría. Las dos funciones psíquicas principales en el comportamiento humano son la *inteligencia* y la *afectividad*. Según predomine la una o la otra se derivarán dos tipologías humanas: el individuo cerebral por un lado, y el hombre esencialmente afectivo por otro; y entre ambos se encuentran estilos y formas de ser intermedios.

Las demás funciones psicológicas (percepción, memoria, pensamiento, lenguaje, actividad, etc.) tienen vida propia, pero de algún modo están supeditadas a las dos citadas. Tal vez tendríamos que situar al mismo nivel que las anteriores la *conciencia*, que es la herramienta que hace posible percibir la realidad.

No resulta fácil definir la afectividad, pues trazar un perfil claro y bien delimitado en este campo tiene muchas complicaciones. Todos sabemos algo sobre ella, pero pocos se atreven a emitir una noción rotunda y nítida, capaz de sintetizar la grandeza de los fenómenos que se producen dentro de ella, y que pasamos a describir:

1. Se tata de un *estado subjetivo*, interior, en el cual el protagonista es uno, y por medio del cual todo se percibe como un cambio que recorre la intimidad y la modifica.
2. Es una *experiencia personal*, que conocemos por nosotros mismos y no por lo que nos cuentan o nos informan otras personas. Cada individuo es el único protagonista de su afectividad.
3. El *contenido de la vivencia* de la afectividad es un estado de ánimo que se manifiesta a través de las principales expresiones del individuo: emociones, sentimientos, pasiones y motivaciones.
4. Cualquier vivencia deja una *huella;* su impacto deja un rastro, una especie de vestigio en la personalidad; y la significación del mismo dependerá del *tema*, la *intensidad* y la *duración* que tenga.

Trataré de explicar con claridad qué es la afectividad. Un ejemplo extraído de la vida diaria nos ayudará a hacerlo. Tres personas vienen a verme a la consulta: un enfermo, su mujer y un amigo. *El enfermo* tiene una depresión: está triste, decaído, sin ganas de hacer nada, habla muy poco y cuando lo hace es para decir que lo suyo no tiene solución, que quiere morirse, que no puede vivir así. Junto a este abatimiento general se observa un enlentecimiento muy marcado de toda su conducta. *La mujer* que le acompaña siente el problema como suyo, llena tanta parte de ella, que podemos afirmar sin temor a equivocarnos que también es actriz esencial del cuadro que presenciamos. No lo contempla, lo vive. *El amigo* está ya muy distante de lo que allí se vive; algo de lo que sucede le afecta —si no, no estaría allí—, pero ya le llega con otra densidad y con cualidades distintas. Finalmente, está *el médico*, que asiste a la escena no por su vertiente cordial, sino por su faceta profesional. Su misión es ayudar a este hombre a que se cure, a que supere ese estado melancólico terrible. En ese asunto pone en juego su prestigio.

Este recorrido nos muestra cómo un mismo hecho se vive de muy distintas maneras. *La afectividad es el modo de sentirnos afectados interiormente por las circunstancias que se producen en nuestro entorno*. En cada uno de los personajes anteriores, el mismo hecho actúa de forma diferente.

La psicología y la psiquiatría clásica se dedican en gran parte al *análisis de la vivencia*, es decir, a captar el plano subjetivo. Hoy esta actitud ha cambiado y se ha ampliado, y abarca tres dimensiones más: 1) la *fisiología* de ese estado afectivo, o sea, los síntomas y las sensaciones físicas que lo acompañan; 2) la *conducta*: el comportamiento que se registra a través de la observación externa; 3) y, por último, la vertiente *cognitiva*: las percepciones, los contenidos de la memoria, las ideas, los pensamientos, los juicios, etc.

Todo lo afectivo consiste en un cambio interior que se produce de forma brusca en unos casos, o paulatina y sucesiva en otros. Es un *estado singular de encontrarse uno consigo mismo*, de darse cuenta de la realidad personal, pero partiendo de esa modificación interior.

Tratar de definir la afectividad y sus componentes es adentrarse en un campo difícil y complicado porque hay que buscar las notas principales que definan el mundo emocional de una persona. Esta es una tarea primordial del psiquiatra. Uno se desliza por dentro del corazón humano, con entusiasmo, con tesón, buceando en cada rincón del mismo. No hay que olvidar que *la intimidad humana es densa y compleja;* está llena de pasadizos y muchas veces hay en ella zonas no transitadas. De ahí que tantas veces los sentimientos constituyan un enigma. Los estudiamos, los calificamos, asistimos a sus movimientos, al espectáculo a que dan lugar, pero debemos tener presente que hay muchos momentos y situaciones imprevisibles, en los que es arriesgado decir qué ruta seguirán o qué camino escogerán los sentimientos.

El sentimiento más noble que puede habitar en el ser humano es *el amor.* Esta palabra hoy está falsificada. El uso y el abuso, así como la manipulación y la adulteración de este término, han alcanzado su grado máximo. Sería mejor buscar otra o precisar, a la hora de hablar de él, de qué clase de amor estamos hablando. Hay que impedir a toda costa —aún estamos a tiempo— que este quede disipado y cosificado. Debemos volver a describir su auténtica grandeza, su fuerza, su belleza, su placidez… pero también sus exigencias: es decir, *restituir su profundidad y su misterio.*

Para Aristóteles era «el gozo y el deseo de engendrar en la belleza». Los neoplatónicos lo ven como la ruta fundamental para el conocimiento. Platón decía: «El amor es como una locura […], es un dios poderoso que produce el conocimiento y lleva al conocimiento»; en *El banquete* se esfuerza por probar que *el amor perfecto se manifiesta en el deseo del bien;* el forastero de Mantinea muestra a Sócrates al final de esta obra que el amor es la contemplación pura de la belleza absoluta.

Ortega nos dice en *Estudios sobre el amor* que amar una cosa es estar empeñado en que exista. Joseph Pieper dice que amar es aprobar, celebrar que eso que se ama está ahí, cerca de uno.

El pensamiento clásico hablaba de distintas formas de amor. El *eros*, que era un amor de dominio, el *agape* o impulso a comunicar y a convivir y darse a aquello que se ama; de otro lado, *el amor de Dios*, causa de todo lo que existe. Pero hay algo especial y común en todos ellos: *la tendencia y la adhesión a algo positivo que produce un estado de gozo.*

Inteligencia y voluntad para pilotar los sentimientos

El amor es el sentimiento más importante de todos; alrededor suyo se originan otros estados sentimentales más o menos parecidos, pero de cualidades diferentes.

La forma habitual de discurrir la *afectividad* es a través de los sentimientos. El término *sentimiento* aparece por primera vez en el siglo XII, pero ya en la segunda mitad del siglo X surge la expresión *sentir* (del latín *sentire*, percibir por los sentidos, darse cuenta, pensar, opinar). Entre los siglos XII y XIII afloran las palabras sentimental, sentimentalismo, resentimiento. Pero es en el siglo XVII, con Descartes, cuando este aparece por primera vez de una forma precisa y concreta: designa estados interiores pasivos, difíciles de describir, como si se tratara de impresiones fugitivas. El pensamiento cartesiano distinguirá entre *estados simples y complejos.* Pascal, en sus *Pensamientos*, opone el sentimiento a la razón, concepción que estará vigente durante más de un siglo. Siguen esa misma línea los moralistas franceses e ingleses (La Rochefoucauld, Vauvenargues y Shaftesbury), que elaborarán el concepto moderno de *emoción.* Malebranche, discípulo de Descartes, describe el sentimiento como una impresión de tonalidad confusa, con ingredientes psicofísicos; su gran mérito fue delimitar el carácter irreductible y subjetivo demostrando su importancia a nivel individual, como modificador de una trayectoria biográfica: él confiere una forma especial de conocimiento.

Más tarde, Leibniz abre una vía más intelectual de los sentimientos afirmando: «Tout sentiment est la perception confuse d'une vérité». Para Rousseau, el sentimiento tiende a llevar al hombre hacia el bien. Y Kant hablaba de las tres facultades del alma: el conocimiento, el sentimiento y el deseo. El Romanticismo hizo una exaltación del mundo sentimental como trampolín decisivo para la creación artística, con una doble significación: su permanencia en los vericuetos de la personalidad como expresión máxima y su capacidad para revelarnos algunos principios básicos de la condición humana.

Para un psiquiatra el análisis de los sentimientos constituye un campo frecuente de estudio,[1] como puerta de entrada para

---

1. La definición que sugiero es la siguiente: *estado subjetivo difuso, vago y de perfiles desdibujados por lo general, que siempre tiene una tonalidad positiva o negativa.* Esto quiere decir que no existen sentimientos neutros. La indiferencia y el aburrimiento son claramente negativos. Por conocer mejor a esa persona y transitar por su mundo afectivo, descubriendo sus cualidades y sus defectos, sus pros y sus contras. Con el auge de la psicología en el mundo actual, podemos afirmar que *la sociedad se ha psicologizado*. Cualquier cuestión sometida a estudio tiene un fondo psicológico que hay que descubrir. Sucede a diario. La vida social, política, económica, familiar, profesional, etc., tiene ingredientes de esta naturaleza que hoy, más que nunca, se manifiestan constantemente.

La educación de los sentimientos forma parte de la educación general de la persona que quiere gobernar su vida afectiva de forma estable. Contra ella se levantan el hedonismo y la permisividad. Estamos ante una *civilización neurótica*, porque ha perdido sus objetivos, sus puntos de referencia. Me considero un hombre de mi tiempo, abierto a tantos avances y cosas positivas como han tenido lugar en los últimos decenios; pero este espíritu moderno no me impide ver los defectos de nuestro tiempo.

La permisividad que recorre la sociedad de nuestros días puede llevar a la destrucción de la familia y de la sociedad. Permitirlo prácticamente todo, dando por válida cualquier alternativa de conducta con tal de que a esa persona le parezca bien o lo acepte, conducirá a posturas existenciales neuróticas, llenas de contradicciones; una situación en la que el hombre queda ahogado por un mal uso de su libertad.

Hemos pasado de una *civilización de la cultura y del amor*,

---

eso, la experiencia que se vive implica siempre, de algún modo, aproximación o rechazo.

construida sobre tantos avances científicos y técnicos, a la *civilización de la destrucción.* Si añadimos el consumismo y el relativismo al hedonismo y a la permisividad, tenemos ante nosotros *un hombre esclavo, aturdido, cada vez más débil, sin principios ni fundamento.*[2] Con estas bases frágiles y la falta de criterios no se puede mantener la vida conyugal. Cuando se sigue la *ley del mínimo esfuerzo*, se avecinan cambios de pareja frecuentes que muchas veces conducen a sus componentes a la soledad, ya que cualquier relación afectiva exige entregas y renuncias, por supuesto, acompañadas de recepción de sentimientos positivos.

La inteligencia ilumina el camino de los sentimientos y la voluntad los dispone hacia su mejor ordenamiento. Un amor sin cabeza, ignorando la voluntad, se convierte en un *amor inmaduro*, endeble, sometido a giros y cambios según el capricho del momento y que, a la larga, conducen a la aceptación y justificación de cualquier situación por extraña que parezca.

---

2. Estamos ante un personaje esencialmente endeble: frívolo, con unas ideas y creencias cogidas con alfileres, atento a todo y sin aprender nada que lo eleve de nivel. Vivimos en la *sociedad de los titulares de prensa:* impactante de entrada y sometida a una saturación de información que la conduce a un estado sin rumbo, con noticias nuevas, caleidoscópicas y cambiantes. ¿Quién hace la síntesis de esa ingente cantidad de datos?

Entramos así en el llamado *pensamiento débil*, preconizado por el italiano Gianni Vattimo. La civilización de la imagen es un monumento a la superficialidad; el valor de las personas no se atiene a su realidad auténtica, sino a referencias exteriores. Esto, extrapolado al mundo de los sentimientos, ha producido unas consecuencias muy negativas.

¿Cómo educar los sentimientos?

Es necesaria una *educación sentimental* como la que proclamaba Flaubert. Actualmente, el hombre está invadido por el hedonismo y la permisividad, y no se preocupa de construir un entorno afectivo inspirado en los principios básicos, sino que se deja llevar según la moda del momento. Así se convierte en espectador de sus propios ríos emocionales interiores, siempre dirigidos por esos dos grandes motivos: el placer sin restricciones y el que no existan terrenos ni cotas prohibidos.

Con la palabra *amor* se elaboran muchas conductas falsas. La auténtica invitación a la felicidad debe apoyarse en la vuelta a unos códigos morales claros con unos puntos de referencia objetivos, que hagan al hombre más digno, más humano y abierto a los demás. El peligro del subjetivismo y del individualismo echa por tierra las mejores pretensiones y amenaza con nuevas formas de angustia, con prisiones nuevas que, en vez de liberar al hombre, lo encarcelan en un callejón sin salida.

Veamos otro caso clínico:

> Se trata de una mujer de veintinueve años, de alto nivel socioeconómico, que no quiso estudiar una carrera universitaria. Hizo unos cursos de secretariado internacional pero, una vez terminados, no trabajó. Esta es su historia clínica resumida. Lo que va entre comillas (como hago siempre) son afirmaciones literales de ella.
>
> «Tengo 29 años. Llevo en casa año y medio y salí con mi novio tres años. Acabo de separarme. He sido una persona a la que

no le ha faltado nada en la vida. Mi padre es un médico muy conocido, ha tenido mucho éxito y, la verdad sea dicha, nos ha dedicado muy poco tiempo, pues cuando él descansaba se iba de caza muchos fines de semana, unas veces con mi madre y otras con unos amigos. Somos tres hermanas y un hermano.

»Yo siempre he sido mala estudiante, la verdad es que nunca me gustó estudiar. Lo que me gustaba era estar con mis amigos en el colegio, nos divertíamos mucho y ya desde mi adolescencia lo mío era salir y entrar e ir de fiesta. El ambiente de mi familia ha sido bueno y mis padres se llevaban relativamente bien, aunque mi madre ha tenido siempre un carácter fuerte y mi padre sabía llevarla... Ninguna de las tres hermanas hemos ido a la Universidad, sobre todo porque mis padres nos presionaron poco, e hicimos unos estudios medios: una es decoradora y otra estudió idiomas, aunque luego lo dejó... Mi padre nos decía: lo vuestro es casaros y tener una familia. Ahora me doy cuenta del error educativo que significó eso.

»Tuve un primer novio cuando yo tenía veinte años. Era un chico de buena familia, estudiante de Económicas, tres años mayor que yo. Era muy guapo y con buena facha, a mi madre le encantaba. Duró un año. Él quería que yo estudiara alguna carrera universitaria y no le parecía bien la vida demasiado relajada que yo llevaba, él era demasiado exigente, tanto es así que enseguida que terminó su carrera preparó la oposición de Técnico Comercial del Estado y la sacó.

»Yo estuve un tiempo sin novio, hasta que conocí al que iba a ser mi marido. Era un hombre nueve años mayor que yo. Para mí era una persona ideal. Se dedicaba a los negocios de su familia y por ese motivo tenía que viajar mucho... Fue un noviazgo agradable y yo me lo pasaba bien y después de tres años, nos casamos. Así como yo soy divertida, simpática, abierta, me gusta disfrutar de la vida y no me planteo grandes cosas... él es serio, más bien introvertido y bastante responsable en su trabajo. Mientras salimos todo fue bien, aunque tuvimos dos o tres choques fuertes y él lo quiso dejar. Yo me llevaba muy bien con su madre, que me adoraba, y ella medió para que siguiéramos.

»Me caso y me encuentro con un hombre que está todo el día trabajando y que sigue con sus viajes. Nos veíamos muy poco. Y, de pronto, me doy cuenta que cuando viene de trabajar cansado lo que yo quiero es salir a cenar con unos amigos o irnos a bailar (que a mí me encanta)... y por aquí empezaron las discusiones. Empezó a reprocharme que yo no hacía nada, que me pasaba el día de compras o haciendo pequeños recados o con mis amigas... y las discusiones se hicieron cada vez más frecuentes y nos dijimos cosas duras, especialmente él a mí: que soy gastosa, desordenada, que me paso el día de aquí para allá sin hacer nada de provecho, etc.

»Él es bastante religioso y yo poco. Aunque me educaron en un colegio religioso, como mis padres estaban fríos en ese sentido, yo me fui contagiando. Él pensó que una vez casados todo esto se iría solucionando, pero yo no me dejé... me costaba trabajo, estaba acostumbrada a eso...

»Las tensiones siguieron y yo me abandoné en muchas cosas: desorden de la casa, me aferraba más y más a mi tipo de vida con mis amigas y él me dijo un día dos cosas que me dejaron hundida: *tú nunca has tenido que luchar en la vida por nada*, pues lo has tenido todo muy fácil, no has querido estudiar casi nada, estás acostumbrada a que te lo resuelvan todo y tu afición es relacionarte, ir al cine, pasártelo bien... y en segundo lugar: *estoy empezando a desenamorarme de ti, voy dejando de admirarte al verte de cerca*, pues es verdad que eres una mujer muy guapa, pero tu vida y la mía no tienen nada que ver.»

Le pregunto a ella: ¿por qué vienes a la consulta, qué esperas de nosotros, qué podemos realmente hacer por ti?

—R: No sé, quizá podáis darme unas pautas y hablar con él, no sé...

—P: ¿Cuál es tu principal problema?

—R: Él lo ha dicho y me ha dolido horrores, *yo no he tenido que luchar a fondo por nada en esta vida, lo he tenido todo muy fácil*. Yo desconocía que en el amor tuvieras que esforzarte, pensé que si estás enamorada, todo va fácil y las cosas salen... no sé, esa era mi idea.

—P: ¿Quieres arreglar tu vida conyugal, quieres intentarlo?

—R: Yo sí quiero, pero veo que mi marido está frío hacia mí y se ha ido a vivir a un apartamento, porque dice que no aguanta a mi lado viéndome tan frívola... esto también me ha hecho sufrir mucho.

—P: ¿Te parecería que llamáramos a tu marido?

—R: Sí, sin duda, aunque no sé cómo va a reaccionar.

Hablo con el marido por teléfono y le doy una cita. Viene a la consulta y me dice: «Me casé bastante enamorado de mi mujer, porque me daba alegría y vitalidad y todo sea dicho: es una mujer espectacular, guapa y con un gran tipo. Llama la atención a donde va. Pero me he ido dando cuenta en este poco tiempo que llevo casado que su vida está vacía, que está siempre comprándose cosas, que va y viene con sus amigas, que no lee nada más que revistas del corazón... aunque ahora eso lo niega... Yo antes de casarme no me di cuenta de eso, no sé, vas embalado y no te paras a pensar en esas cosas; no es una persona religiosa como yo, aunque ella me dijo que cambiaría y eso no se ha producido; quiero que se culturice, que haga algún curso en la Universidad de arte o historia o literatura...».

Le sigo preguntando al marido: «¿Estarías dispuesto a seguir una *terapia conyugal* para intentar buscar soluciones?». Me contesta: «Doctor Rojas, no se equivoque usted, la que necesita ayuda es ella, si ella cambia en una serie de cosas y ese cambio es de verdad, yo volvería con ella... pero estoy escéptico de que vaya a dar un cierto giro. Ella no esperaba que yo me fuera de casa, creía que era una amenaza y al haberse producido, la verdad es que ella no se lo podía imaginar».

Hacemos una reunión conjunta en la consulta. Entra primero él y más tarde ella. Por separado (en las crisis conyugales fuertes, tenerlos a los dos al mismo tiempo puede ser muy peligroso y que se desate un lista de agravios por parte de uno de ellos y todo se vaya a pique). Él pide los siguientes cambios a ella:

—Que tenga un horario y lo cumpla (que no se levante a las tantas y se acueste viendo la televisión, etc.).

—Que administre mejor el dinero y que sea menos gastosa.

Que se matricule en algún curso; de las cosas comentadas antes, historia, literatura, idiomas, etc.

—Que no quiera discutir a todas horas, por cualquier cosa pequeña.

—Que tenga *más voluntad en todo*, «no la tiene entrenada,

no sabe lo que es luchar por objetivos y cumplirlos», dice su marido.

—Que cuando sepa que yo voy a llegar a casa esté allí y podamos compartir ese tiempo juntos y no saliendo a cenar una y otra vez con gente.

—Que acepte (si todo va bien entre nosotros) quedarse embarazada, «a mí me encantan los niños y ese fue un tema en el que estuvimos de acuerdo cuando salíamos y que después no se ha producido», dice él.

Me dice ella: «Es la primera vez en mi vida que voy a luchar por conseguir algo. Y he pensado hacer un curso de economía para ayudar en la empresa de mi marido y, además, un curso de cultura general. Y voy a matricularme y, como usted me ha dicho, doctor Rojas, ser constante y no faltar nunca».

Observo en ella un cambio de actitud muy evidente. Yo le dije lo siguiente: «Eres inmadura en la afectividad, pues es fácil enamorarse pero difícil mantenerse enamorado. Eso es lo que le está pasando a tu marido... que te ve y solo aprecia superficialidad, divertimento, etc. Si te aplicas a las pautas que te vamos a ir dando, puedes cambiar y recuperar a tu marido».

En los siguientes meses todo ha dado un giro copernicano. Pactado conmigo, él empezó a verla a ella entre semana y a salir algún día a cenar juntos. Sus horarios son los de una persona que tiene un trabajo: se levanta a las ocho de la mañana y tiene el día ocupado. Ha empezado a leer por primera vez en su vida y está asistiendo un día a la semana a un taller literario. Se ha tomado en serio lo de volver a la fe y ha conectado con dos amigas que la están ayudando en ese sentido.

Hemos ido viendo cuándo debían volver a vivir juntos. Se buscó la fecha más adecuada. Antes tuvimos varias entrevistas con su marido, dándole un par de objetivos claros:

—Trabajar menos horas, ya que él vive para trabajar.

—Estimular a su mujer a que vaya hacia arriba mejorando, en vez de los frecuentes reproches que aparecían en sus palabras.

—Tirar de ella para que encuentre un trabajo.

—Fomentarle que *trabaje la voluntad en cosas pequeñas del día a día.*

Volvieron a la convivencia. Entonces fueron seguidos semanalmente por mí. Ambos tuvieron un *programa de conducta* específico, en el que tenían unas pautas concretas en las que luchar.

Nos dice ella después de toda la terapia personal, más que terapia de pareja en sentido estricto: «Yo he madurado en seis meses más que en muchos años, ahora me doy cuenta de que no tenía madurez sentimental y que casi no sabía lo que era la voluntad. No quiero volver atrás bajo ningún concepto. Y me doy cuenta de que el matrimonio hay que trabajarlo».

Actualmente esto no está aceptado, lógicamente, en ciertos ambientes *light*. Este es un termómetro para medir cómo transcurre la afectividad. Si lo más importante es la forma y no el fondo, hacer lo que a uno le pide el cuerpo, porque eso es lo que en ese momento reclama la atención... a la larga se pierden los argumentos que conducen la vida y se acaba en la pobreza existencial, en el vacío. Sin compromisos serios no hay rumbo. A eso se le puede llamar *libertad* o también, *liberación* o *realización*. Desde mi punto de vista tiene una etiqueta que lo define: *inmadurez de la afectividad*.[3]

A menudo se habla de que una persona *se ha desenamorado*, utilizándose esta fórmula como algo ya definitivo, irremediable. Evidentemente, lo importante para que esto no suceda es cuidar el amor. Es este uno de los grandes argumentos de la vida. La cruza en toda su extensión. Cuando la voluntad está educada, actúa también en este terreno: es una *disposición para afrontar las dificultades*. Está cimentada sobre el orden, la constancia, la disciplina, la serenidad, la generosidad, la visión de futuro para superar los momentos difíciles y la capacidad para remontar todos los problemas que existen en la convivencia amorosa. Así se construye un amor por el que vale la pena continuar luchando.

Cuando la voluntad es débil, esta no puede luchar, ni está dispuesta para vencerse y dirigirse hacia lo mejor, aunque cueste. Ya Dante, en la *Divina comedia*, nos recuerda que

---

3. La definición de *afectividad* no es fácil. Trazar un perfil nítido de ella entraña serias dificultades.

La palabra *afección* procede del latín *affectatio, -onis, impresión interior que se produce por algo, originándose una mudanza. La afectividad está constituida por un conjunto de fenómenos de naturaleza subjetiva, diferentes a lo que es el puro conocimiento, que provocan un cambio privado que se mueve entre dos polos: agrado-desagrado, inclinación-rechazo, afición-repulsa.* Entre ellos se establece una gama de vivencias que abarca toda la geografía emocional.

El gran impulso de la vida debe ser el amor. *La educación para el amor conduce a adquirir firmeza en sus fundamentos y un aprendizaje para alcanzar un amor maduro, estable y equilibrado.* Ese tiene que ser el objetivo hacia el que se proyecte la conducta.

«l'amore che muove il sole e l'altre stelle» y que este se aprende mediante lo que él denomina el *intelletto d'amore*, la inteligencia del amor. Ordenar el amor hacia la cabeza, pero siempre que no pierda su espontaneidad y frescura. Otro de los grandes literatos italianos de ese siglo XIV, Petrarca, dice en sus sonetos que para que el amor no cese es necesario alimentarlo de nuevas y pequeñas ilusiones. Dante se vuelca con Beatriz y Petrarca con Laura, intentando *hacer eterno lo pasajero del amor*. Ahí residen dos elementos decisivos: la idealización de la mujer, propia del *Quattrocento*, y al mismo tiempo, el estímulo para seguir hacia delante.[4] En el Renacimiento estos presupuestos alcanzarán su cenit; pero es durante el Romanticismo, en el siglo XIX, cuando los sentimientos son expuestos en primer plano de cualquier apartado de la condición humana. Su base es un amor sensual, pero no erótico; se nutre de fuerza en los reveses, ante lo imposible o la frustración. Sus figuras más relevantes: Lord Byron, Alfred de Musset, Victor Hugo o nuestros literatos, Espronceda y Zorrilla. La intensidad de los sentimientos matiza todo el devenir de esta etapa de la historia.

---

4. Es la época de las conversaciones de salón, la consideración de la mujer como ideal del hombre, la valoración de la pureza, el amor y la renuncia, toda una visión del *amor caballeresco*.

Hoy día nos hemos alejado de posiciones en las que el amor pueda ser visto como algo que implique renuncia, esfuerzo y no digamos ya si se utiliza la palabra *sacrificio*, un término tan denostado por muchos, pero tan necesario en cualquier aventura humana ante la necesidad de vencerse uno a sí mismo.

capítulo

nueve

Voluntad para estudiar

Toda pedagogía es ciencia y arte a la vez

Todo lo concerniente al estudio ofrece una base o campo de trabajo para fortalecer la voluntad. Sirve de termómetro para explorar el funcionamiento de esta cualidad, pues tiene puntos de interés muy claros y concretos; se puede seguir con sencillez y después comprobar los resultados finales a través de las notas. Mi experiencia como profesor universitario me lleva a ver muchas veces como los que tienen educada su voluntad no necesitan más que aplicar esas estrategias aprendidas, que poco a poco se ponen en juego, ya sin la dificultad de los comienzos.

Pero en los estudios es muy importante *aprender a estudiar.* Muchos malos estudiantes no lo son por falta de capacidad intelectual, porque no captan conceptos abstractos, tienen escasa memoria... La clave de su problema reside en que no tienen orden, son poco constantes, tienen poca fuerza de voluntad, carecen de disciplina y de hábitos para hacer planes de estudio a corto y medio plazo, y su nivel de esfuerzo es mínimo.

Ese suele ser el panorama del mal estudiante. *La voluntad para el estudio debe ser fomentada e inculcada a partir de la infancia, haciéndola atractiva y siendo los padres sus principales impulsores.* Pero cada niño tiene sus particularidades. Madame de Maintenon decía que «es necesario observar el humor y la capacidad de cada niño y después comportarse según ese modo natural...». Hoy existen muchas teorías sobre el aprendizaje. *La pedagogía es una ciencia que ayuda a un mejor aprendizaje, mediante la teoría y los ejemplos atractivos.* Ciencia y arte forman un binomio cuyos términos son inseparables. Si sabemos sacarles partido a los fracasos, tendremos bien aprendida la lección, que consiste en rectificar errores y corregirlos, pues esto nos ayuda en cualquier forma de aprendizaje.

Acabamos de pasar una etapa en la que la voluntad no estaba de moda. Es más, en muchos colegios se decía que educar la voluntad podía traumatizar psicológicamente a los niños, y producir en ellos un daño que a la larga les traería graves consecuencias. Hoy, con los resultados de los últimos años ante nosotros, sabemos que esto no es cierto. Las preguntas se plantean acto seguido: ¿qué es lo que hay que enseñar?, ¿cómo?, ¿con qué métodos?, ¿es bueno prohibir, y si lo es, qué cosas en concreto?, ¿en qué consiste un buen profesor? Ni el autoritarismo, ni la represión, ni la permisividad son buenos caminos para ello. *La sabiduría en los temas educativos está en un punto medio entre exigencia coherente, dosificación y conocimiento de las aptitudes y limitaciones de cada persona.* Ahí está la tarea y su riqueza. Todo desarrollo personal necesita renuncias y sacrificios. Negar esto es desconocer la auténtica realidad de la condición del niño y del adolescente. Un escritor francés de finales del siglo XIX y principios del XX, Jules Payot,[1] publicó un célebre trabajo, que en su tiempo fue muy elogiado. El papel de la voluntad era esencial a la hora de la consecución de los logros personales. Toda la psicología moderna inspirada en el conductismo subraya que *el aprendizaje y el condicionamiento son modificados por refuerzos positivos* (recompensas) *y negativos* (castigos), aunque estos últimos deben ser aplicados con prudencia.

En la vida familiar esta *ley de premios y castigos* tiene una gran utilidad, sobre todo si se aplica de forma coherente y con regularidad. En los padres, significa ya una forma de autoeducación: no rebasar los límites establecidos por la prudencia y el sentido común. Todo esto no es fácil en la actualidad, y más cuando un medio como la televisión rompe permanentemente estos valores.[2] La pedagogía moderna po-

---

1. Véase *L'éducation de la volonté*, PUF, París, 1983. En sus páginas rezuma todo el espíritu de una época, cuando la educación era sobre todo *voluntarista*.

2. La televisión, tal y como se ha ido desarrollando en los últimos años, es antipedagógica. *Hay que aprender a verla* mediante unos criterios operativos concretos. Los psiquiatras vemos muchos de esos lamentables resultados: niños apáticos, narcotizados delante del televisor, que se lo tragan todo, sin imaginación ni creatividad... y todo ello, con solo apretar un botón y sin el menor esfuerzo.

En una palabra, *dosificar su cantidad y calidad*, enseñando a los hijos y aprendiendo los mismos padres a discernir los programas buenos de los negativos y degradantes, que proponen modelos aberrantes de comportamiento.

ne cada vez más el acento en escuchar al niño y al adolescente. Escucharle quiere decir tratar de ponerse a su altura, comprenderlo, aprender su psicología, intentando sacar lo mejor que hay en su interior y desbrozar lo que no es constructivo, para pulirlo.

Veamos el siguiente caso clínico.

Vienen a la consulta unos padres a hablarnos de su hijo. Esto es muy frecuente en la clínica, que acudan los familiares a explicarnos un caso concreto porque, por los motivos que sean, esa persona no tiene conciencia de enfermedad o no se quiere dejar ayudar o el abordaje se hace difícil o imposible por las causas más diversas.

Se trata de una información que ellos nos dan y que resumimos así, tal y como ellos nos la cuentan: «Nuestro hijo tiene veintiún años y, aunque no se niega a venir a la consulta, él dice que no le pasa nada, que él no necesita consultar ni con un psiquiatra ni con un psicólogo... pero nosotros estamos sufriendo mucho con su comportamiento».

Y continúan diciéndonos: «En los últimos cuatro años ha aprobado una asignatura por curso en la Facultad de Derecho, de tal manera que ha aprobado cuatro asignaturas y le queda una quinta para pasar a segundo. Nos hemos enterado hace relativamente poco tiempo de esto, pues pensábamos que estaba

---

La televisión como *niñera electrónica* es nefasta: deseduca, no impulsa la voluntad o acaba con ella y pone en primer plano la *ley del mínimo esfuerzo*.

terminando la carrera y que todo iba más o menos bien. Pero la realidad es que no iba a clase, que no se examinaba y que prácticamente no estudiaba nada y pasaba los días con sus amigos entrando y saliendo y tomando copas... Él decía que estaba entre cuarto y quinto curso. Ahora, después de enterarnos a través de la Facultad y de un profesor de que él no ha aparecido durante años por las clases, sino que estaba "en otra cosa"... lo cierto es que hace dos años se matriculó de segundo y de algunas de tercero, de cara a una medio novia que tenía en ese momento».

Los padres cuentan la situación de su hijo con una seria preocupación. La madre es más realista y la crítica que hace de su hijo es más dura. El padre, por el contrario, se muestra tolerante y cree que la cosa no es tan severa, porque piensa que todo es recuperable y que «para mí, el que no consuma drogas ya es una victoria». Vemos aquí dos concepciones bien distintas, y a la hora de ensayar un tratamiento debemos unificar esas posturas si queremos realmente ayudar a este estudiante, perdido y con una ausencia de voluntad de campeonato.

Y sigue el relato, en este caso de la madre: «Mi hijo no tiene horarios: muchas veces de madrugada me levanto porque no puedo dormir y lo veo viendo películas de televisión a las cuatro o las cinco de la mañana; todo el día está cogiendo al móvil, no tiene horarios, hace lo que le apetece y desde que se ha descubierto el fracaso que ha tenido en estos últimos años nosotros intentamos tener más control de él.

»Él es simpático, divertido, ingenioso, pero sobre todo en la calle con la gente y con los amigos, porque en casa su comportamiento es distante, egoísta y poco participativo, es como una pensión y pasaban los días sin casi verlo...

»Tiene tres hermanos más, él es el segundo y los otros están muy enfadados por todo lo sucedido, por el daño que nos está haciendo y por la enorme decepción que ha provocado en todos nosotros». El mayor tiene veintitrés años, ha terminado Historia del Arte y ha empezado con los cursos monográficos del Doctorado. Nos dicen los padres: «Es justamente lo contrario: disciplinado, con mucho orden, le encanta su carrera y sueña con entrar en alguna galería de arte en el futuro y dar clase en la Universidad... ahora lo valoramos más, pues ha ido aprobando cada año y está muy cercano a nosotros y a su hermano el pequeño, que tiene ahora diecinueve años y está en segundo de Odontología».

La entrevista con él no fue fácil en principio, porque nos dijo: «Yo no estoy loco ni mal de la cabeza, lo que pasa es que no me gusta estudiar, me cansa. Yo lo que quiero es ser feliz y triunfar en la vida y pasarlo bien... y mis padres están todo el día diciéndome que el fracaso mío es tremendo, que están hundidos, y yo no sé lo que les ha pasado... hay mucha gente a la que le pasa lo mismo y sus padres no organizan el follón que han montado conmigo».

Le pregunto lo siguiente: «¿Cuál crees tú que es tu problema?». «A mí no me gusta estudiar, nunca me ha gustado. En el colegio iba aprobando poco a poco, pero la Universidad me cansa mucho y lo que me gusta es el ambiente y la gente.»

—P: Pero no es normal que en cuatro años solo aprobaras cuatro asignaturas, eso es serio, grave... porque puedes dejar los estudios y ponerte a trabajar en lo que sea.

—R: Yo quiero ganar dinero y vivir bien. Dedicarme a los negocios. Dicen mis padres que para eso es necesario tener unos estudios, una carrera, porque si no la gente te mira mal o no te valora.

—P: Tú has mentido muchas veces y has perdido el tiempo a manos llenas, ¿Qué te parece esto?

—R: No tenía más remedio.

—P: ¿Quieres cambiar?

—R: Creo que debo intentarlo; sobre todo usted, doctor Rojas, me ha demostrado estos días que llevamos hablando que no puedo seguir así, ahora veo que no tengo futuro y en esta línea mi vida será un fracaso... debo cambiar, pero no sé cómo hacerlo.

—P: Nuestro equipo va a trabajar contigo el tema de la voluntad, porque ese es tu principal problema, ¿no te parece?

—R: Yo solo tengo voluntad para hacer lo que me gusta.

—P: Para hacer lo que a uno le apetece no hace falta tener voluntad. Tú no estás entrenado en ponerte metas, ni retos, ni objetivos, piensa que en cuatro años has aprobado una asignatura por año. En tu caso, siendo realistas, caben dos posibilidades: 1. Dejar de estudiar y ponerte a trabajar en lo que encuentres; 2. Cambiar poco a poco y dejarte ayudar para estudiar de verdad.

—R: Pero ¿qué es lo que me pasa a mí? ¿Yo tendré un diagnóstico? Porque yo mal de la cabeza no estoy...

—P: Nadie ha dicho que estés mal de la cabeza. Tu diagnóstico es *trastorno de la personalidad* y eso significa que tienes los siguientes síntomas:

—Muy poca voluntad.

—Desorden en muchos aspectos (en tu habitación, en tus cosas, en los horarios y en la planificación de los estudios).

—Poca constancia.

—Muy caprichoso (estás acostumbrado a hacer lo que te apetece).

—Falta de disciplina.

—Inestabilidad de ánimo (grandes picos de hoy para mañana y de hoy para hoy).

—Tendencia a mentir (la mentira ha ido creciendo dentro de tu conducta, hasta ser algo habitual... eso te hizo mucho daño).

—En los últimos dos años has consumido cannabis y algo de cocaína los fines de semana («eso no ha tenido importancia, ha sido por pasar el rato y si me lo propongo, puedo dejarlo», nos dice él).

—Serias dificultades para ponerte objetivos concretos.

—P: Ya tienes tu diagnóstico. Si quieres precisamos un poco más: *trastorno de la personalidad por inmadurez* o simplemente *personalidad inmadura*.

—R: Lo de inmaduro suena mal, ¿qué quiere decir realmente?

—P: Esto significa que, teniendo tú veintiún años de edad cronológica, en muchas cosas tienes catorce o quince, eres como un adolescente... y en algunas, sí tienes veintiuno. No tienes a estas alturas de tu vida un proyecto de estudios, que en el futuro te lleve a tener una profesión u oficio.

Las distintas sesiones de psicoterapia han sido laboriosas, sobre todo al principio. Trabajamos inicialmente cuatro áreas:

1. Orden: ir a clase cada día y no faltar bajo ningún concepto (salvo que estés enfermo). Hora fija de acostarte y levantarte de lunes a viernes.

2. Estudiar cada tarde. Para eso te hemos puesto una *persona de apoyo* (o *edecán*) que a las 16.00 h se sentará a estudiar contigo y medirá el tiempo por un reloj despertador, en unidades de media hora. La finalidad es que consigas estar, literalmente, delante de los libros dos horas, en principio, cada tarde.

3. No mentir: vivir en la verdad de tu vida.

4. Luchar por ser menos caprichoso (se estableció una pequeña lista de conductas caprichosas, que fueron entresacadas por el psicólogo de nuestro equipo).

Fue costoso. El problema es que *el controlador edecán* observó que no podía estar ni media hora delante de los libros sin levantarse, usar el móvil, ir al baño o ir de aquí para allá. Tardó en tener orden en su habitación. Pero cada mes fue haciendo pequeños progresos. El seguimiento clínico fue al principio semanal, después cada quince días... después cada tres semanas. Así hasta la mitad del curso. Después, el propio *edecán* y yo mismo le hicimos exámenes de distintas asignaturas... al no tener hábito de estudio por un lado y no haber aprendido técnicas de estudio por otro, se hizo necesario explicarle algunas estrategias para estudiar (se le recomendó el libro *Técnicas de estudio* de González Simancas, de la editorial Eunsa, y se le obligó a leerlo despacio y subrayando lo más destacado del mismo).

En los exámenes de final de curso de seis asignaturas aprobó cinco y dejó una para septiembre, que después fue superada. Tuvo una reacción de euforia al ver que había sido capaz de alcanzar los objetivos propuestos en el estudio. También mejoró su conducta en general: disciplina, más voluntad en las cosas de la vida ordinaria, mejoró en la relación con sus padres y hermanos. El objetivo de dejar de mentir costó más trabajo, por lo adherido que estaba a su forma de ser.

Hoy es licenciado en Derecho. Trabaja en un bufete pequeño y está dando los primeros pasos en aprender cosas básicas de Derecho Civil y Procesal. Dicen los padres: «Es otro, ha vuelto a sonreír, está contento y todo lo pasado lo ve como una pesadilla tonta, en donde estaba atrapado».

Vuelve aquí una idea que he dejado caer a lo largo de las páginas de este libro y que ahora insisto en ella: *los perdedores y los triunfadores no se hacen de un día para otro, sino que son el resultado de la dejadez continuada o del esfuerzo constante por mejorar*. En este caso vemos con rotundidad esa afirmación.

Racionalizar el estudio: aprender a planificarse

La racionalización del estudio y una buena planificación son la base inicial desde donde se forma un buen estudiante. Antes incluso que midiendo su capacidad intelectual, salvo que estemos ante un caso en que claramente haya alguna deficiencia. Porque *un niño que no tiene educada la voluntad será un adulto indefenso*. Con el paso de los años, si esto no se corrige, las mejores ilusiones y los propósitos más interesantes irán al traste. No será suficiente, y por falta de base nada se consolidará ni dará los frutos deseados.

Las expresiones *pedagogía, liceo y academia* proceden de la educación griega. En el mundo ateniense la academia era un jardín donde Platón se reunía con sus discípulos, y en el liceo Aristóteles paseaba con sus alumnos y todos hablaban sobre temas diversos. Entonces, enseñar consistía en formar a un ciudadano para el diálogo entre el maestro y sus discípulos, que admiraban las respuestas de aquel, y a la vez, le discutían ardientemente sus teorías. Marrou ha señalado la permanencia estructural de la escala antigua durante más de un milenio. Toda la historia de la escuela en Occidente está elaborada a base de unos modelos concretos: así ocurre con la escuela romana con respecto a la ateniense, la Universidad en relación con la Edad Media, el Barroco con respecto al Renacimiento, el Romanticismo en relación con la Ilustración.

Rousseau decía que el maestro es como un jardinero: él no es el autor de las flores, sino su estímulo, su auxilio y el testigo de su crecimiento. *La pedagogía auténtica debe facilitar la tarea para que el niño llegue a ser lo que verdaderamente debe;* promover todo lo bueno y positivo que lleva dentro.

En este sentido, uno de los primeros aspectos que hay que fomentar es *aprender a hacer un plan de estudio*. Para estudiar bien, debe existir el orden. Sin orden no hay posible avance en este campo, por mucho que uno lo intente. Debemos tener claro que *el orden y el horario van unidos en un principio*. A lo largo de toda la historia de las ideas pedagógicas este principio se constituye en el fundamento de todo lo demás. *Uno de los primeros efectos del orden en relación con el estudio es que proporciona paz y hace ver las cosas que hay por delante con claridad y serenidad.*

Para planificarse bien hay que ser *realistas y exigentes* al mismo tiempo. Lo primero quiere decir que debemos diseñar ese *organigrama* teniendo en cuenta y conociendo nuestras aptitudes y limitaciones, así como la densidad y la prioridad de cada una de las asignaturas que tenemos ante nosotros. Lo segundo significa ser valientes para arriesgar en la pelea, intentando aspirar a lo mejor, aunque de entrada sea costoso y el sacrificio para realizarlo parezca excesivo; esa es la exigencia.

La planificación conviene hacerla por escrito. Es más, debe estar bien expuesta, de forma sistemática y con una buena presentación para ponerla en un sitio visible, donde una y otra vez la tengamos presente, pretendiendo no salirnos de lo propuesto en ella.

Debemos tener en cuenta un cierto *margen de imprevistos:* el momento de cansancio, el típico día malo, el cambio de fecha de un examen, la mayor dificultad específica para avanzar en una materia concreta o en una lección especialmente difícil o complicada, etc. La fidelidad al horario es uno de los primeros aprendizajes; su incorporación a la psicología del estudio es tan importante que, si no se consigue pronto, todo lo demás será inestable y frágil.

Asimismo, junto a *cumplir el horario previsto*, hay que buscar *un lugar tranquilo y aislado* donde todo invite a la concentración, con los cinco sentidos puestos en el libro o los apuntes que se tienen delante. Así se comienza a hacer las cosas bien; así, con esta metodología vamos creando el *hábito de estudio. El clima de silencio, el aislamiento, el orden en la mesa,* etc., son otros tantos elementos que facilitan la tarea. Pensemos simplemente en lo contrario: un chico está estudiando con la televisión puesta, con más gente en la habitación, en la que hablan unos con otros y donde es fácil distraerse, pendientes de varias cosas a la vez, menos del estudio. Este es un ejemplo para no conseguir un buen hábito, pero antes ha existido una falta de voluntad para planificar.

¿Cómo planificar el estudio? Aparte de estas consideraciones externas citadas, es necesario organizarse *a corto y medio plazo*. En una palabra: *aprender a distribuir las materias y el tiempo con antelación suficiente*. El mal estudiante siempre aplaza lo que tiene que hacer, con lo cual se va desentrenando y llega un momento en que no puede vencerse, porque no está habituado a hacerlo, pues han sido muchas las veces en que la dejadez, la apatía, el abandono, la falta de autoexigencia y la pereza desmesurada le han llevado al fracaso. El *aplazamiento* consiste en dejar todo para el último momento o *para los últimos días*. Todo está presidido por la prisa, la falta de tiempo... y ese no es el mejor estado para funcionar en el estudio. Toda esta serie de descuidos, pequeños y concretos, que se han ido sumando y que acaban mal,[3] hacen a un mal estudiante.

---

3. Los precursores de la nueva educación los empezamos a encontrar en la segunda mitad del siglo XVIII, en esa época en que triunfan las ideas francesas del siglo anterior.

Hay que destacar el *Emilio* de Rousseau, donde el ideal educativo está centrado en la sencillez, excluyendo la educación prohibitiva y la negativa, aspirando al equilibrio y la autenticidad. María Montessori hizo del mundo escolar de los niños un ambiente de confianza, en el que se podían sentir seguros.

Freinet hizo al revés: la escuela es la vida misma; por eso, cada uno debe hacerse entender. Él fue el primero en hablar del sistema de fichas, bibliotecas de trabajo, archivadores, así como del material de enseñanza que uno mismo corrige.

Wallon y Decroly fueron más lejos y concretaron aún más.

Saber estudiar

Los factores del éxito académico son diversos, pero todos ellos giran en torno a una idea central: *saber estudiar.* De ahí deriva cualquier análisis que podamos hacer. La mejor técnica de estudio está apoyada en una voluntad esforzada. *Hay que obligarse al principio a hacer las cosas que cuestan, pensando en la satisfacción posterior cuando estas salen bien.* Necesitamos practicar ejercicios de voluntad repetidos para conseguir la meta, proponernos retos pequeños, pero continuos. Produce una enorme alegría ver que se puede avanzar si uno se lo propone de verdad.[4] La preparación descrita para saber estudiar

---

4. *La educación de la voluntad para el estudio tiene como objetivo conseguir una disposición estable para el trabajo de lectura.* Porque *mejorar* no es otra cosa que repetir actos positivos, buenos, esforzándose, yendo a contracorriente, negando el capricho del momento o lo que apetece.

Hacer esto cuesta, pero así se va fraguando la persona sólida, en la adquisición de hábitos que buscan lo mejor, aunque eso implique la renuncia y la negación.

Ya lo he comentado antes: *toda educación de la voluntad necesita pasar por el «Cabo de Hornos» de la ascética.* El secreto está en saberse negar en los comienzos, aprender a decirse uno a sí mismo *que no,* siempre que la ocasión lo exija. De ahí la dificultad: hacerse persona libre e independiente. Es un desafío que tenemos por delante, pero si hay motivación, si la ilusión de alcanzar la meta es grande, todas las barreras se salvan. Y no digamos nada si se tiene delante a una persona ejemplar que ayuda con su presencia; es decir, tenerlo como *modelo de identidad.*

La figura del modelo de identidad sirve de guía; es un norte hacia donde dirigirse. Este modelo nos aporta pautas de conducta atractivas, sugerentes,

es interesante tanto desde el punto de vista *externo* como *interno*. En el primer caso, el orden de la habitación, el silencio, el recogimiento, la temperatura, la amplitud de la mesa de estudio, etc., son ingredientes que se deben cuidar. En el segundo caso se alinean también algunos puntos que conviene recordar: dejar preparado el libro por el que uno va a empezar; saber echarle una ojeada al capítulo del libro para ir de lo general a lo particular; estar pendiente de vencer las distracciones, hacer resúmenes y clasificaciones, aprender a subrayar con distintos colores, elaborar reglas mnemotécnicas, marcarse objetivos en la hora/horas de estudio, utilizar libretas diferentes para cada asignatura en las que se resuman de forma muy didáctica las cuestiones fundamentales.

Hay un asunto previo a todo esto: *saber tomar apuntes en clase*, o lo que es lo mismo, *estar atento en ella siguiendo las explicaciones del profesor y anotándolo todo*. Cuando he visto en mis clases algún alumno que me mira, que parece que sigue el contenido de la exposición, pero que no toma ni una sola nota, suelo pensar que no le sacará mucho partido a las explicaciones del profesor, sobre todo porque el esfuerzo por anotar lo importante lo mantiene en tensión y le ayuda a seguir con atención lo que se dice.

Conviene *hacer descansos cada cierto tiempo* cuando estudiamos, dependiendo del tiempo previsto para hacerlo. No es lo mismo estar sólo una hora, que toda una tarde. Los

---

reales y cercanas que valen más que mil libros sobre educación. En tales casos, uno se siente atraído a imitarlo.

descansos pueden ser de unos minutos, en los que uno se relaja o se premia tomándose un café o algo refrescante, o, simplemente, estirando un poco las piernas. La buena dosificación de estas pausas se complementa perfectamente con el esfuerzo de estar concentrado.

Recuerdo, cuando yo era estudiante de Medicina, el efecto tan positivo que me producía entrar en la biblioteca: el ambiente de silencio y ver a tanta gente estudiando me estimulaba. Años más tarde, ya médico, en la biblioteca del Hospital Clínico de Madrid, de la Universidad Complutense, tenía la misma sensación, pero ahora con más fuerza, porque al estar más ocupado con las tareas clínicas, docentes y de investigación, el tiempo libre para estudiar era un bien escaso al que había que saber sacarle su jugo.

Cuando las circunstancias para estudiar en la propia casa no sean favorables, el recurso de la biblioteca es excelente. Mantener la atención sobre una asignatura que cuesta, que es más densa, o que nos atrae menos, va a estar en relación directa con la lucha personal por no ceder en el empeño, volviendo al libro siempre que se observe que la mente se escapa a otras cosas. Cuando nos damos cuenta de estas distracciones es cuando se aprende a retomar la ruta una y otra vez, sin desaliento, sin cansarse.

El cansancio psicológico en el estudio se da con mucha frecuencia. Es una especie de fatiga anterior al intento, que se vive con una mezcla de agobio, aburrimiento, debilidad para continuar con lo ya emprendido... un hastío extraño que pide abrirse paso e instalarse en medio de la actividad del estudio. El buen estudiante, acostumbrado a insistir en la pelea, mantiene la tensión y la firmeza necesarias y no se desmorona cuando arrecia la dificultad. Esta reacción de constancia y fuerza psicológica presenta dos tipos de beneficios: por una parte, *la identidad de un hombre tiene mucho que ver con los titánicos esfuerzos de voluntad por no abandonar su labor;* y por otra, *el que se vence una y otra vez en lo pequeño se entrena para dominarse cuando llegue lo grande.* Hay que contar con ese cansancio, pero lo realmente importante es no dejarse vencer por él.

No perdamos de vista que también existe un *cansancio de la vida*, que es más amplio y que tiene unos ribetes más abstractos aún, difusos, desdibujados y sin referencias claras y precisas. Aquí la fatiga afecta *a la vida como totalidad*, por lo que no hay que desistir y abandonar, sino que se debe seguir con la fatiga, pero buscarle una solución adecuada. El cansancio de la vida es mucho más grave que el psicológico y sus síntomas o rasgos son: el desaliento, el pesimismo, la melancolía y un cierto sentimiento de impotencia ante la vida. Emerge, lentamente, una especie de agobio extraño, decepcionante, una mezcla de estar herido y roto a la vez, por esa lucha permanente contra los reveses, sinsabores y frustraciones que cualquier vida trae consigo.

En el *cansancio del estudio* hay una amenaza: dejar lo que uno está haciendo de forma inmediata; en el *cansancio de la vida* el riesgo está en acabar con el proyecto personal. En ambas el hombre se vuelve débil, lánguido, aplanado, envuelto en una bruma de tonalidad gris que anuncia dos males inmediatos: la *indiferencia* y la *desmoralización.* Ese registro de captación psicológica conduce a la pérdida de la ilusión de los anhelos personales y a dejarse llevar por la corriente, que acaba con todo.

Es el momento de volver a empezar, de echar mano de la voluntad, tras un descanso, y retomar el propósito decidido del estudio, con determinación férrea, decisión esforzada, empeño inquebrantable. *Lo que late en el fondo de la voluntad es la pasión por llegar a donde uno se había propuesto.*

El fracaso escolar

La sociedad actual se ha *psicologizado*, pues casi todos los acontecimientos están considerados desde la perspectiva psicológica, todas las causas son psicológicas. Lo mismo sucede con el *fracaso en los estudios*.

Siempre he sostenido que *la inteligencia se desarrolla estudiando*. Una buena capacidad mental que no se cultiva queda anulada. La voluntad tiene en el estudio un campo fecundo de actuación. Por eso, muchos malos estudiantes han comprendido que su problema no era mental, sino de método. De ahí que se pueda afirmar que *comprender demasiado tarde es no comprender.* Viene bien a este respecto la siguiente historia clínica entresacada de mi consultorio:

> Se trata de un chico de 32 años. Siempre fue un mal estudiante. Familia de nivel socioeconómico medio. Son tres hermanos; él es el segundo. El mayor de sus hermanos ha sido un estudiante tipo medio, pero que, con bastantes dificultades, pudo terminar su carrera universitaria, aunque repitiendo varios años y utilizando convocatorias de junio y septiembre.
>
> «Siempre me han costado mucho los libros. A mí me gustaba

mucho hacer deporte, el fútbol sobre todo. Y con quince años empecé a aficionarme a las motos. No me concentraba bien, pero la verdad es que nunca me tomé en serio los estudios. También influyó en esto el tipo de amigos: todos éramos malos estudiantes.

»No recuerdo lo que es quedarme a estudiar después de cenar, o estar en casa estudiando a fondo, ni siquiera en los días anteriores a los exámenes... Fue transcurriendo el tiempo y repetí dos cursos, antes de llegar a 3.° de BUP. Con muchos apuros terminé el bachillerato. Me matriculé en la Universidad, en Económicas, pero aquello no me gustaba... Ni tampoco había ninguna otra cosa que me atrajese. Solo me interesaban las motos, los amigos y salir y entrar.

»Dejé la carrera y empecé a estudiar idiomas. Pero enseguida empecé a faltar a clase, no cogía los libros y perdí otro año. Al año siguiente me matriculé en Informática, pero me aburría mucho y fue un año malo de estudios y de graves enfrentamientos con mi familia.

»Yo quería vivir y disfrutar de la vida, y empezar a ganar dinero pronto. Y a través de unos familiares comencé a trabajar en una tienda de ropa, cosa que siempre me había gustado, porque yo era algo presumido. Me costó mucho adaptarme, pues a mí me hubiera gustado empezar por arriba, no por abajo, y era muy duro estar casi de niño de los recados durante bastante tiempo. Esto me cambió el carácter y empecé a tener agresividad, irritación, descontrol...

»Ahora me da pena lo que hice en mi vida. Mis dos hermanos terminaron su carrera y no es que fueran más listos que yo. Pero estaban casi siempre cerca de los libros y yo los veía estudiar poco a poco. Hoy hay una gran diferencia entre ellos y yo... No sé, creo que la vida es injusta y yo debería tener otra oportunidad. Si volviera a vivir, estudiaría, me tomaría las cosas de otra manera.»

Estamos ante un caso sencillo, pero muy representativo. *Educar* es incitar a dar lo mejor, lo máximo de uno mismo, de forma escalonada; *enseñar y grabar en la conducta aprendizajes y esquemas de referencia positivos que eleven el nivel de ese sujeto, haciéndolo cada vez más persona.*[5] Cada uno se educa a sí mismo a través de sus experiencias personales. *La vida* enseña más que muchos libros, *es la gran maestra.* Lo es, aunque en ocasiones ese conocimiento sea tardío y ya solo pueda aplicarse al momento y no al proyecto de futuro.

Los trabajos de investigación sobre este tema ponen de relieve que, de entrada, hay que establecer unas premisas sobre qué tipo de niño o adolescente tenemos ante nosotros. Ahí desempeñan una importante función los *test.* Estas pruebas estandarizadas miden la capacidad intelectual, el pensamiento abstracto, las aptitudes, el tipo de personalidad, las formas de reacción ante los más diversos estímulos... Todo ello se esquematiza en un *inventario de test muy amplio* y de enorme utilidad. Pues bien, muchos fracasos en los estudios primarios, secundarios y universitarios no se deben tanto a la falta de inteligencia o de capacidad mental como a la de voluntad, a la falta de adecuada utilización de los instru-

5. Al animal no se le educa, sino que se le adiestra. Recordemos los experimentos de Kohler con monos: la inteligencia animal se mueve solo dentro de un cierto entrenamiento de conducta relativamente simple.

mentos de esta: orden, constancia, disciplina en los estudios, así como en las relaciones familiares, con los profesores, y en las relaciones que estos tienen con su medio normal. Un maestro que sabe estimular a sus alumnos y da a cada uno de ellos su confianza, obtendrá con más facilidad buenos resultados que aquel otro frío, distante y más crítico, que no sabe llevar un espíritu de lucha y esfuerzo a su alumnado.[6]

Un alumno desadaptado en su colegio o en la Universidad puede manifestarse de muy diversas formas. Es frecuente el *bloqueo para aprender*, que consiste en una especie de incapacidad para captar en clase lo que se dice; en otras ocasiones se trata de un *bloqueo afectivo;* muchas veces los hijos de padres separados, que tienen una mala base sentimental, rinden menos y se muestran traumatizados por la situación de sus padres; en otros casos, puede observarse *un niño siempre distraído, que tiende a la dispersión:* en tal caso hay que estudiar qué se esconde detrás de esa actitud; de igual modo, las *conductas agresivas y de oposición* pueden acarrear problemas si lo que deseamos es conseguir un rendimiento adecuado. La labor del psicólogo y del psiquiatra tiene en estas situaciones un papel decisivo.

6. Recomiendo al lector interesado el libro de Jean-Louis Servan-Schreiber *El arte del tiempo*, Espasa Calpe, Madrid, 1985. En él nos dice: «Como ocurre con todas las cosas importantes de la vida, en la escuela no se enseña a utilizar bien el tiempo [...] porque las verdaderas urgencias son raras y los errores de precisión son legión».

Todos tenemos la misma cantidad cada día y solo algunos sabemos sacarle verdadero partido. El tiempo no se puede ganar, pero sí se puede perder. Lo que debemos aspirar es a emplearlo mejor. Llegar a ser «ladrones del Tiempo».

No existe el niño sin voluntad, salvo que padezca una enfermedad física o intelectual grave, que los problemas familiares hayan hecho mella en él o que en su ambiente familiar el tema de la voluntad haya estado ausente. Adquirir voluntad depende de tener una buena educación.

Tanto los niños con *fracasos en los estudios* como los *jóvenes con dificultades* de otro tipo necesitan una asistencia psicológica que les ayude a superar su situación. Estos fallos suelen reflejar algo negativo que se esconde en su personalidad y origina cambios de conducta. Lo esencial es *comprender dónde nace el problema y cómo se ha ido gestando este;* puesto que la meta no es solo que estudie más y mejor, sino equilibrar su personalidad, que mejoren sus relaciones familiares y de compañerismo, que sienta el gozo de su esfuerzo al ver que avanza en distintos planos de su vida. Veamos otro caso:

> Se trata de un joven estudiante universitario que repite por tercera vez 1.º de Empresariales. Son tres hermanos. Los otros también son malos estudiantes, uno de ellos tuvo que repetir curso, pero no han llegado a este extremo.
>
> Él es el segundo. El perfil psicológico nos lo relata así su madre: «Es vago por naturaleza. Solo hace lo que le gusta. Esto llega incluso a la comida: solo toma lo que le apetece, y hay bastantes cosas que ni las prueba. Yo le he consentido muchas cosas, pensando que cambiaría con el tiempo. Es bueno de fondo, pero solo se preocupa de sus cosas. Egoísta, no deja lo suyo fácilmente a sus hermanos, salvo que su padre o yo se lo digamos, poniéndonos serios.
>
> »En el colegio siempre fue un mal estudiante. En casa, su

comportamiento era independiente: yo diría que iba a lo suyo. Cuando no tenía clase se levantaba a la hora que a él le parecía bien. No se podía entrar muchas veces en su habitación, por el desorden que allí había. Yo —dice su madre— se lo ordenaba todo, iba detrás de él dejándolo todo en su sitio.

»Miente mucho, sobre todo últimamente para justificar su situación. Se lleva mal con casi todos los profesores, es muy crítico con ellos y con la Universidad. Lo que es verle estudiar unas horas seguidas, bien puedo decir que no lo he visto nunca».

Cuando fue visto en consulta él no quería hablar de ese tema. Vino a la fuerza y diciendo que no necesitaba ni un psiquiatra ni un psicólogo, que no le pasaba nada. Al abordar su personalidad, en un *autoinforme* que se le pidió, se ve con claridad lo poco que se conoce a sí mismo, dentro de su edad.

En las primeras sesiones lo primero que tuvo que hacer fue analizar la personalidad y sus características como individuo. Después de que *tomara conciencia de su problema de estudios*, aunque sin dramatizar, pero poniéndolo frente a su realidad. Fue esencial la buena relación con la psicóloga de nuestro equipo y con el psiquiatra.

Se le *motivó* con pequeñas metas generales (tipo de vida, horarios, orden en su habitación, hacer algo por las personas que viven con él, etc.), para abordar de inmediato las *metas de estudio*, centradas inicialmente en la *forma de estudiar:* en su habitación, midiendo las medias horas de estudio por día... Todo ello quedó reflejado en un *programa de conducta*, donde cada objetivo estaba bien tipificado.

Fue decisiva la *motivación.* Y al mismo tiempo, se manejó un sencillo esquema de premios y castigos, impartidos por su madre, primero, después por su padre y confirmados por el equipo psicológico-psiquiátrico.

A la mejoría inicial vinieron después unas semanas difíciles. Ahí entra la importancia de la *reeducación* y la *vuelta a los planes semanales de estudio.*

Hubo una terapia paralela con los padres. El cambio psicológico de la madre fue especialmente beneficioso para su cambio. Hoy es un estudiante normal, con notas medias entre aprobado y notable, pero que sabe valorar la importancia de la voluntad y lo que es sentirse contento después de tardes enteras de estudio.

En este caso tiene especial relevancia el papel poco acertado de la madre. Ayudarle no es hacer las cosas por él: el tema del orden y el de la comida han tenido su importancia a la larga. Una madre demasiado permisiva, que lo acepta casi todo, deseduca.

Los objetivos de la educación en general, y los del estudio en particular, están encaminados a conseguir una persona que *tome conciencia de sus capacidades* y que valore al mismo tiempo los *aspectos instrumentales de cualquier aprendizaje: orden, constancia, disciplina, voluntad, alegría en la lucha, capacidad para superar las dificultades...*

Todo eso debe ser mencionado, el joven tiene que conocer al menos la importancia teórica que eso tiene. *Educar es hacer que alguien sea más persona, más libre e independiente, que sepa hacerse cargo de sí mismo y estar abierto a lo mejor.* Por último, es clave mantener las *motivaciones esenciales y profundas con* firmeza. Unas miran a la meta, otras buscan la trascendencia.

capítulo
diez

¿Cómo superar las dificultades de la vida en la cultura del placer?

La cultura del placer

Cada etapa histórica está definida por un rasgo central: en la Ilustración, la razón; en la primera mitad del siglo XIX, el Romanticismo puso especial interés en el mundo sentimental; y ahora estamos al final de una civilización.

Releyendo estos días el libro de Indro Montanelli *Historia de Roma*, pienso que nos encontramos en una situación parecida: *posmodernismo* para unos, *era psicológica* o *posindustrial* para otros. La década de los años sesenta nos deparó la polémica del *positivismo* con el enfrentamiento entre Karl Popper y Adorno; la década de los setenta el debate sobre la *hermenéutica de la historia* entre Habermas y Gadamer; la de los ochenta, el significado del posmodernismo; mientras que los noventa estuvieron presididos por la caída de los regímenes totalitarios, ejemplificados por el Muro de Berlín, aunque con respecto a esto último se ha demostrado empíricamente que una de las grandes promesas de libertad no era sino una tupida red donde el ser humano quedaba atrapado sin posible salida.

Estamos en el siglo XXI y el panorama es muy interesante. Así, en la *política* hay una vuelta a posiciones moderadas y a una economía conservadora; en la *ciencia* ha habido un despliegue monumental, pues los avances en múltiples campos han dado un giro copernicano brillante y de resultados muy prácticos; el *arte* se ha desarrollado también, de forma exponencial, aunque ya es imposible establecer unas normas estéticas; hemos llegado a un eclecticismo evidente: todo vale, cualquier dirección es interesante, todos los caminos contienen cierta dosis artística; por último, el mundo de las *ideas y su reflejo en el comportamiento* también ha experimentado un cambio sensible, que analizaré a continuación.

Las dos notas más peculiares son —desde mi punto de vista— el *hedonismo* y la *permisividad*. Ambos están enhebrados por el *materialismo*, que pone en primer plano de la conducta el dinero, el placer, el bienestar, el alto nivel de vida, el éxito... Es decir, que las aspiraciones más profundas del hombre son cada vez más materiales y tienden, por tanto, al desprecio de los valores morales con referentes muy remotos: el Imperio romano o los siglos XVII-XVIII.

El *hedonismo* significa que la ley máxima de comportamiento es el placer por encima de todo, cueste lo que cueste. Este es el nuevo dios: ir alcanzando cada vez cotas más altas de bienestar. Vivir hoy y ahora pasándolo bien, buscando el placer ávidamente y con refinamiento, sin ningún otro planteamiento. *La ética hedonista se rige por un código: la permisividad.* Entre ellas se establecen relaciones muy cercanas. Estos son los dos nuevos pilares que están presentes y dirigen muchas vidas de hombres actuales. *La mayor aspiración es divertirse por encima de todo*, evadirse de uno mismo y sumergirse en un amplio abanico de sensaciones, cada vez más sofisticadas y narcisistas. *La vida se concibe, pues, como un goce ilimitado.*

Porque una cosa es disfrutar de la vida y saborearla, en tantas vertientes como esta tiene, y otra, muy distinta, ese maximalismo de no marcarnos otro objetivo que no sea este *afán y frenesí de diversión y de placer sin restricciones.* El primero es psicológicamente sano y sacia una de las dimensiones de nuestra naturaleza; el segundo, por el contrario, poco a poco produce la muerte de los ideales. Lipovetsky habla en su libro *Le crépuscule du devoir* de la ética del sin dolor, sin deberes ni limitaciones... a la carta, todo encaminado a proteger su fragilidad.

El sueño de la sinrazón

Del hedonismo surge un vector que pide paso con fuerza: el consumismo. En él todo puede escogerse a placer. Existe una disposición permanente para el deleite, y comprar, gastar, adquirir y tener es vivido como una nueva experiencia de libertad. *El ideal de consumo de la sociedad capitalista no tiene otro horizonte que la multiplicación o la continua sustitución de objetos por otros cada vez mejores.* Hay dos ejemplos que me parecen reveladores: uno, el del telespectador sentado frente al televisor con el mando a distancia pasando de un programa a otro, buscando no se sabe exactamente qué; otro, el de la persona que va recorriendo el supermercado, llenando su *shopping car* hasta arriba, tentado por todos los estímulos y sugerencias comerciales, e incapaz de decir que no a nada.

El consumismo tiene como orígenes o puntos de partida una publicidad masiva y una oferta bombardeante que nos crea falsas necesidades. Cada vez nos presentan objetos más refinados que invitan sin cesar a comprar. Un hombre que ha entrado por esa vía se vuelve cada vez más débil. Como hemos comentado, la otra nota central de esta pseudoideología actual es la *permisividad;* este rasgo nos hace caer en la cuenta de que hemos llegado a una etapa clave de la historia en la que no existen prohibiciones, territorios vedados, limitaciones; todo es válido, cualquier experiencia es interesante, con tal de que queramos o nos apetezca recorrerla. Hay que atreverse a todo; llegar cada vez más lejos. Se impone el sistema del reto, del «¿por qué no?». Es una *revolución sin finalidad y sin programa*, sin vencedores ni vencidos.

A ese tipo de hombre, ¿qué es lo que todavía le puede sorprender, revolucionar o escandalizar? De la permisividad nace un hombre indiferente, permisivo, descomprometido, sin valores humanos y centrado en sí mismo. Todo está envuelto en un paulatino escepticismo y, a la vez, en un individualismo a ultranza. Este derrumbamiento axiológico produce *vidas vacías*, pero sin grandes dramas, ni vértigos angustiosos, ni tragedias... En ellas no sucede nada; eso es lo que parecen decirnos los que la practican y la viven. Es la *metafísica de la nada*, que se da por falta de ideales y superabundancia de todo. Ahora es posible observar muchas vidas casi vacías, sin sentido: *existencias sin aspiraciones ni denuncias.* Y así se llega a una especie de pasatismo en el que todo es relativo.

El relativismo es consecuencia directa de la permisividad, un mecanismo de defensa estudiado por Freud y que diseñó de forma casi geométrica. De esta manera, todos los juicios quedan suspendidos y flotan sin consistencia. *El relativismo es el nuevo código ético.* Vivimos en una generación para la cual las palabras «bueno» o «malo», «verdadero» o «falso» se han diluido en una neblina vaporosa. Estos términos están hoy vacíos de contenido, pues se han borrado casi todos los principios. Es cierto que están volviendo otros de antaño y surgen algunos nuevos, pero en ese espacio intermedio muchos se ven perdidos.

Todo depende de distintas variables, cualquier análisis puede ser positivo y negativo. Nada es bueno ni malo. Existe una *tolerancia interminable que se desliza hacia la apoteosis de la indiferencia pura.* Se cae de este modo en *un nuevo absoluto: que todo es relativo.*[1] Muchos jóvenes buscan eva-

---

1. La prensa dio la noticia del suceso del pequeño James Bulger, ocurrido a principios de 1993. Dos chicos de diez años de edad lo raptaron primero y lo torturaron y asesinaron después. El niño tenía dos años. El hecho conmocionó a la sociedad británica. Pero el periódico *The Independent* (3-2-93) dijo que la sociedad no puede rasgarse las vestiduras, toda vez que «las palabras bien y mal, correcto e incorrecto, estaban ya vacías de contenido, *puesto que la televisión invita incesantemente* a conductas violentas». La sentencia periodística es marmórea.

Estamos en una sociedad neurótica: paradójica, sin puntos de apoyo; una sociedad en la que se pregona *la apología de lo efímero,* el pensamiento sin contenido y el fanatismo de la duda.

dirse de estas contradicciones entregándose a lo que yo llamaría el *optimismo tecnológico* y que hace unos años se llamó «el mito del progreso indefinido»; lo cual, a la larga conduce a una desilusión profunda. Ante este panorama resulta muy difícil descubrir la fuerza de la *voluntad* y ponerse en marcha para sacar lo mejor de uno mismo, con su ayuda. Todos los ideales están a la espera de que pase este *sueño* de la sinrazón, que ha creado un Saturno contemporáneo que devora a sus hijos. En una palabra, un *hedonismo que en el campo amoroso lleva a vivir la sexualidad como un impulso de los instintos, en el que lo importante es la evasión a través del erotismo.*

Frente al hombre vulnerable, el hombre con fundamento

En este tramo inicial del siglo XXI hay, como en todos los pasados, luces y sombras. Pero la voluntad está siempre ahí, lo importante es saberla descubrir, reconocer su fuerza y, en medio de las modas y vaivenes culturales, que cada uno sepa utilizarla cuando convenga. He descrito en este capítulo al *hombre trivial* u *hombre light:* formado básicamente de estos cuatro elementos: *hedonismo, permisividad, consumismo y relativismo.* Un individuo así tiene un mal pronóstico, pues está rebajado casi al nivel de objeto y transita por la vida con *una existencia sin valores.* Se fundamenta en la exaltación del momento, la apoteosis de lo efímero y el aumento de la superficialidad; una existencia donde la apariencia externa es más importante que lo que hay dentro. *Traído y llevado y tiranizado por los estímulos exteriores*, a los que se entrega y con los que pretende alcanzar la felicidad. Y todo cogido por los hilos finamente entrelazados del *materialismo*.

¿Cómo podrá un ser así superar los traumas, las frustraciones y todas las dificultades que tiene la vida? Evidentemente, no estará preparado para cuando lleguen. ¿Qué hay dentro de él? Su estado interior está transitado por *una mezcla de frialdad impasible, descompromiso y curiosidad ilimitada, con una tolerancia sin fronteras*. Una persona así es cada vez más vulnerable. No consigue el equilibrio y se hunde. Si no cambia su rumbo, acabará teniendo el mayor de los vacíos, huirá de sí mismo y denominará *libertad* a la esclavitud.

¿Cómo hacer frente a esto? Debo señalar que el progreso material por sí solo no es capaz de colmar las aspiraciones más profundas del hombre. Lo que falta hoy, lo que el mundo necesita es amor auténtico. *Este vacío moral puede ser superado con humanismo y trascendencia*;[2] es decir, pasar por la vida superando lo menos humano que tenemos y dándole más cabida y amplitud al mundo de los valores morales y espirituales. Frente a la *represión de la espiritualidad* que padecemos hay que tener el coraje de alcanzar *valores de recambio*. No es posible el progreso auténtico, íntegro, sin una base moral. Si eso falla, antes o después, nuestro proyecto se desmoronará por falta de fundamento. Como dice el texto

---

2. Palabra que deriva del latín *trans*, que significa atravesar, y *scando*, subir. Atravesar subiendo.

clásico: «Fodit in altum», es necesario cavar en lo profundo, darle al ser humano raíces sólidas, consistentes, que merezcan la pena y que conduzcan a la lucha por las cosas grandes.[3] Volquémonos hacia la voluntad: que ella sea el plinto mediante el cual saltemos por encima de las circunstancias, sobre todo cuando los medios de comunicación social, en su mayoría, intentan destruir casi todo lo valioso, de forma metódica, sistemática.

Los traumas de la vida

He llegado a decir en alguna parte de este libro que *la razón y la voluntad son las dos grandes armas del hombre.* Cuántas personas con una inteligencia más que suficiente y una afectividad bien armonizada fallan justamente por la falta de voluntad o por tenerla poco preparada para la lucha. Al mismo tiempo, hay que saber hacia dónde la dirigimos, pues aquí tendríamos que hacernos la pregunta: *¿voluntad en qué o para qué?* La respuesta sería esta: *voluntad para conseguir el mejor progreso personal, para perfeccionarnos, aprender la conducta más positiva posible en nosotros.* Esto es fácil de entender, pero choca con muchas cosas: las dificultades y los traumas de la vida, los cansancios, el ambiente que nos rodea, etc.

---

3. Sin una dirección moral, la lucha por la libertad va poco a poco hacia el vacío: se pierde. Hay que lograr una mo*ral que no* quede reducida a una ética hueca, subjetivista, resumida en *unas reglas de urbanidad social* a «lo *light*».

Cualquier vida y trayectoria humanas tienen un fondo dramático. Ortega lo pone de relieve en *Meditaciones del Quijote;* es decir, la vida de cada uno es un problema que hay que resolver, eligiendo entre las distintas posibilidades que esta nos presenta. Por eso, la frase orteguiana es rotunda:

> La vida es libertad en la fatalidad y la fatalidad en la libertad [...]; la vida pesa siempre, porque consiste en un llevarse y soportarse y conducirse a sí misma.

Al abrir las puertas de la libertad, debemos comprender qué es lo que realmente pretendemos. Es necesario saber qué es lo que de verdad hace progresar al hombre como *persona* y como *proyecto*.

El análisis de cualquier biografía en su plano interior, profundizando, repasando sus formas y contenidos, nos ofrece una visión cabal de su personaje, con sus rasgos, limitaciones y holguras. Mi profesión de psiquiatra me marca como objetivo adentrarme en la vida ajena. Y cada vez que lo hago, lo hago con cuidado, sigilosamente, con enorme respeto. Al avanzar en esa travesía descubrimos las diferentes fases de la trayectoria de la historia personal: los sitios por los que esa persona ha ido pasando.

Todo análisis de la intimidad personal es una historia interminable. Es difícil tratar de definir una vida en una fórmula simplista, que reduce todo a unos cuantos datos. Los médicos, al ver a alguien por primera vez, hacen una historia clínica. Los psiquiatras vamos más lejos: hacemos una historia biográfica, es decir, le preguntamos qué ha sido de su vida hasta este momento, qué ha ocurrido en ella, qué circunstancias han transcurrido, qué clases de dificultades se ha encontrado, etc. Porque la mejor de las vidas está llena de dilemas, conflictos, riesgos, tropiezos y un sinfín de emergencias inesperadas, que con su curso fomentan un aprendizaje para superarlas.

En toda esta trayectoria personal tienen cabida los *traumas de la vida*. La realidad de cada biografía es como un paisaje con muchas perspectivas, todas igual de verídicas y auténticas, pero que analizaremos desde una visión clínica. Nunca podemos tener todos los puntos de vista posibles. Es la limitación de cualquier análisis sobre el ser humano. Lo que sí sabemos es que los *traumas* existen, están ahí y los psiquiatras nos encargamos de examinarlos y tratar de comprenderlos en su contexto.

La palabra deriva del griego *trauma, herida*. Las heridas psicológicas son experimentadas por cada uno de forma distinta. El mismo tema, contenidos más o menos parecidos, sufrimientos muy próximos o frustraciones cercanas, a unos sujetos los convierten en neuróticos, amargados, agrios… y a otros, por el contrario, los hacen mejores, los pulen y los perfeccionan, los hacen más humanos, comprensivos, con más amor. Y el tema suele «pesar» lo mismo; lo que varía es el espacio psicológico en el que se asienta. La mente en la que se da. ¿Dónde estriba la diferencia? En la forma de recibir el impacto emocional negativo; o dicho de otro modo, en la *actitud ante las adversidades y las derrotas de la vida* que tiene el individuo concreto.

Hay que tener de entrada una cierta preparación psicológica, una *educación sentimental* armónica que haga entender esto. Y por otra parte, que la *educación de la voluntad* esté dispuesta a reaccionar. A esto le llamamos en psicología médica *reacciones vivenciales*,[4] normales o sanas. La línea que las separa queda establecida por patrones de respuesta sanos o adecuados al estímulo y desproporcionados o inadecuados. En una palabra, si son o no proporcionados al motivo desencadenante. De ahí se deriva el diagnóstico de personalidad equilibrada o desequilibrada.

La calidad de las vivencias

Debemos hacer la distinción entre dos modalidades de *traumas:* los *microtraumas* y los *macrotraumas*. Los primeros están constituidos por experiencias negativas de escasa intensidad, pero que sumadas, alineadas unas con otras, forman poco a poco un todo. Este, si se instala en la personalidad, puede hacer mucho daño, y si no se trata de resolver, puede desembocar en un problema psicológico más grave.

Los microtraumas no suelen originar grandes problemas, pero hay que saberlos detectar a tiempo para que no se vayan transformando en cuestiones que puedan hacer mella en

---

4. Estas pueden ser definidas como *respuestas motivadas, cuyo curso depende del hecho en sí y del tipo de personalidad sobre la que se asientan*. No es lo mismo la muerte de un ser querido que un fracaso afectivo, un problema familiar o un revés profesional.

Hasta hace unos años, se podía afirmar que la mujer era especialmente sensible a las frustraciones afectivas, mientras que el hombre lo era para las profesionales. Hoy, con la incorporación de la mujer a casi todas las profesiones tradicionalmente masculinas, el tema ha cambiado.

la vida. La psicoterapia tiene aquí una labor muy interesante, pues va dejando cada parcela solucionada, ayuda a la persona a situar cada experiencia en el lugar que le corresponde y a asumirla con la valoración real del suceso.

Los *macrotraumas* son siempre problemas intensos, duros, tremendos, dramáticos, trances que ponen en peligro muchas cosas a la vez, que rompen la fluidez habitual de la vida. Tienen una esencia trágica y conducen a posiciones difíciles. Muchos de ellos son irreversibles, dejan marcada la personalidad para siempre. Cuando aparecen en la existencia, obligan a un cambio absoluto.

Estos *traumas grandes* pueden ser físicos, psicológicos, sociales, profesionales, afectivos y económicos. Deslindar unos de otros puede resultar difícil en ocasiones, ya que pueden aparecer varios a la vez o unos como consecuencia de otros. Además, la distinción entre unos y otros nos lleva a análisis muy diferentes. No es lo mismo haber sido violada, haberse arruinado, que la ruptura conyugal o descubrir que se tiene una enfermedad cancerígena avanzada. En cada caso hay que examinar los distintos planos de la vivencia, así como su importancia y las circunstancias adyacentes que lo propician.

En la terminología alemana a estas causas se las denomina *Erlebnis* y en francés *expérience vécue*. Nosotros, en castellano, la llamamos *vivencia: unidad de hechos vividos a nivel personal que dejan un impacto a su paso*. Hacer un catálogo completo de *micro* y *macrotraumas* podría llegar a ser una labor interminable. El inventario puede resumirse, a grandes rasgos, en los bloques antes referidos. Aunque cada uno muestre un perfil propio y peculiar.

Desde ellos, se inicia la denominada *neurosis* o *desarrollo neurótico de la personalidad* y que en los términos más modernos de la psiquiatría actual se denomina *trastorno de la personalidad.*[5] Los afectados son sujetos que se han ido convirtiendo en enfermos psicológicos, al no haber sabido superar esos impactos históricos, y que han *dejado heridas abiertas* que no han podido cerrarse y que, antes o después, se manifestarán. Los síntomas más destacados del neurótico son: amargura, resentimiento, sufrimiento interior por incapacidad de superar los problemas, agresividad, hipersusceptibilidad, acritud; todo lo cual hace casi imposible la convivencia con los demás. *El neurótico sufre y hace sufrir a los demás.* Este es el panorama. *La calidad de las vivencias traumatizantes describe una situación múltiple*, como hemos visto en este apartado.

Amor, constancia y voluntad: las mejores armas para vencer los fracasos

Son tres los elementos que ayudan al hombre a elevarse por encima de todas las circunstancias apuntadas con anterioridad. Los mecanismos que la psicología emplea son diversos: la sublimación, el espíritu de superación, la aceptación de la

---

5. Véanse los criterios del llamado DSM-III-R de la American Psychiatric Association, que describe un grupo de *trastornos de la personalidad* catalogados según el rasgo dominante que se observa en ese desajuste psicológico.

realidad unida a una buena dosis de capacidad de reacción para seguir hacia delante, cueste lo que cueste.

Ahí entran de lleno *esas tres cualidades que originan tres educaciones principales: afectividad, perseverancia y voluntad.* El que carece de ellas o las posee debilitadas, lo va a notar seriamente. Unas y otras ensayarán conductas y pautas que ayuden a tolerar mejor el sufrimiento. Y las tres se manifiestan en la firmeza interior. La vida humana necesita de argumentos fuertes y atractivos que den respuesta a los grandes interrogantes de la existencia. Cuando esto no se produce, antes o después, todo se desmorona.[6] Hoy vivimos en una época de *exaltación de la duda* y de ahí proceden *demasiadas preguntas sin respuesta.* En esas brumas, ¿qué más da la voluntad?, ¿para qué sirve si está todo difuso y desdibujado?

Cuando hay puntos de referencia claros, coherentes y humanos a la vez, inspirados en las grandes creencias de los siglos, pero de acuerdo con los tiempos que corren y sin perder su solidez, el hombre puede proponerse cualquier empresa. Se debe atrever a todo, porque lo va a conseguir.

---

6. Uno de los personajes míticos del Mayo del 68, Daniel Cohn-Bendit, dijo que el movimiento de aquellos meses fracasó «porque no teníamos respuestas para muchas cosas allí planteadas».

Cuando los grandes interrogantes no tienen contestaciones convincentes, suceden dos cosas: confusión mental y *no saber a* qué atenerse. Ahí entra de lleno la espiritualidad, vivida como coherencia, como estrecha relación entre la teoría y la práctica. Por esos derroteros encontrará el hombre la paz, y a la larga, la felicidad. *La coherencia de vida es el estado intermedio hacia la felicidad plena.* Con la voluntad fijamos estas respuestas y las llevamos a la vida diaria, para hacerlas operativas.

Tiene la llave para abrir muchas puertas y corazones, sabe comprender muchos de los secretos de la existencia. *Cuando hay amor auténtico, que se muestra —entre otras manifestaciones— como capacidad de perdón, las heridas se cierran y aparecen nuevas perspectivas interiores y exteriores.* A ello hay que añadir la fuerza de voluntad de mirar hacia delante, de seguir creyendo en el *proyecto personal* y no darse por vencido. La constancia conduce a insistir sin desalentarse. Es la mejor manera de evitar replegarse sobre el pasado y construir desde ahí la pasión por el odio o el resentimiento. Estos pueden llegar a ser verdaderos motores de una vida.

El tiempo cura todas las heridas cuando existe el amor. Ahí está el misterio de tantas vidas. Por ese camino descubrimos al *hombre superior.* Lo que falta en el mundo actual es amor; pero auténtico, verdadero, no el erotismo que los medios de comunicación nos quieren presentar. Hay que buscar el amor que, envuelto en voluntad y constancia, haga mirar hacia delante, superando los sufrimientos, los dolores y las humillaciones, para abrirnos camino hacia la paz interior, que es una de las puertas de entrada al castillo de la felicidad. Ese amor, natural y sobrenatural a la vez, debe ser el fin del hombre y el principio de la felicidad.

capítulo

once

La superación del resentimiento

Resentimiento: sentirse dolido y no olvidar

La antesala del resentimiento es la envidia; pero mientras en esta el tema queda más en la interioridad del sujeto, en el resentimiento hay, además, un afán reivindicativo, un impulso especial con tendencia a la revancha, a la venganza.

¿Qué es el resentimiento? Un dolor moral que se produce como consecuencia de haber sido maltratado —justa o injustamente— con desconsideración, y que se acompaña progresivamente de hostilidad hacia la persona o las personas causantes de este daño. Por tanto, podemos concluir diciendo: *resentimiento = sentirse dolido y no olvidar*.

Las dolencias pasadas, los problemas y, en general, los traumas, deben ser superados por el hombre con la vista puesta en el futuro. Mirar hacia el porvenir significa tanto como ser capaces de aceptar el pasado y asumirlo. La vida tenemos que dirigirla hacia delante. Freud, en su libro *Teoría de la neurosis*, insistió en los mecanismos neuróticos, uno de los cuales consiste en almacenar todos los problemas y las frustraciones pasados, ante los que no hay capacidad de exteriorizarlos hacia fuera y, como consecuencia, neurotizan la personalidad y la vuelven enfermiza.[1]

Ahora bien, *el sufrimiento se necesita para madurar personalmente.* Y diría más: es imprescindible. Pero en el neurótico es un estado permanente, su vida se desarrolla alrededor del sufrimiento. El sufrimiento, ocasionado por los reveses, los sinsabores y los infortunios, parece ser superior a la fuerza humana de cada uno, rebasando los límites pensados. La vida se pone cuesta arriba. El camino es demasiado empinado y da la impresión de que ya no se puede tirar más. En esos momentos, cuando las dificultades y los problemas pretenden echar por tierra los mejores propósitos, hay que intentar reaccionar. Entonces es cuando debemos reconducir nuestro argumento de vida; relanzarlo, pero disolviendo todo el dolor, la traición y las incomprensiones experimentados.

---

1. La voluntad tiene tres desplazamientos temporales muy importantes. *La voluntad hacia el pasado debe llevar al perdón.* En dos sentidos: perdonarse uno a sí mismo de fallos, errores, hechos mal enfocados... y también hacia los demás, como un gran acto de amor, que evita el odio y la revancha. *La voluntad hacia el presente conduce a estar-centrado-en-la-tarea-que-uno-tiene-entre-manos:* lo que se llamaba clásicamente el *carpe diem*, aprovecha el momento, sácale el máximo partido a lo que estás haciendo y hazlo a fondo, sea diversión, trabajo, creatividad... *La voluntad hacia el futuro significa trabajar el proyecto personal*, ya que voluntad es elegir, decidirse, conocer y lo que es más importante, *querer*.

La vida no va bien sin buenas dosis de olvido. Solo el auténtico amor es capaz de cerrar las heridas del pasado.

El cinismo no hace feliz al hombre

Antes de seguir hacia delante, debemos descubrir los dos tipos de resentimiento, entre los cuales existen algunos más: el *resentimiento fisiológico* y el *resentimiento patológico.*

1. *El resentimiento fisiológico* aparece ante situaciones extremadamente injustas, flagrantes y que han sido —por lo general— ocasionadas por personas cínicas. El sujeto resentido se siente dolido, molesto y maltratado. Es una reacción lógica y normal. Se va insinuando un plan para defenderse de la injusticia recibida. Más tarde, cuando las aguas vuelven a su cauce, debe imperar en nosotros la calma, así como la decisión de conocer mejor a los demás y a uno mismo.

La noción de resentimiento fue introducida por Nietzsche en *La genealogía de la moral:* la rebelión de los esclavos anuncia el resentimiento como algo creador. Para Max Scheler el principal producto del resentimiento es la igualdad entre los hombres.

Ahora bien, hay que decir algo sobre la figura del cínico. No me refiero aquí a la escuela cínica de la filosofía, cuyo máximo representante fue Diógenes, sino al término en su expresión coloquial. *El cínico es un sujeto que carece de escrúpulos, pero con tal desfachatez, que no hace otra cosa que hablar de la escrupulosidad de su conducta.* Es desvergonzado, capaz de todo, frío, calculador, maquiavélico; con frecuencia intenta dar lecciones de ética, aunque en un tono suave, aparentando ser prudente, templado o equitativo.

La conducta del hombre cínico no es fácil de desenmascarar. Solo cuando uno ha tenido que padecer en su propia vida una acción de esa persona, es cuando descubre la realidad que se esconde bajo ese hombre.

Porque el cínico no se compromete nunca, sabe mantener muy bien un estatus ambiguo, difuso y brumoso. Pero antes o después llega el momento en que necesariamente debe manifestarse... porque la vida es muy larga... y entonces se descubre. El cínico suele ser inteligente y por eso engaña a muchos. Es oportuno mencionar aquel refrán castellano que dice: «Nadie escarmienta en cabeza ajena». Hasta que el cínico no nos manifiesta con claridad algo que permite descubrir su verdadera identidad, uno sigue justificando su com-portamiento pensando en la casualidad de aquella circunstancia o en la complejidad del momento, o en un sinfín de posibles disculpas.

El resentimiento que provoca el cínico es muy fuerte, el más humano y, por ello, el más comprensible. Tiene sentido esa reacción psicológica, aunque siempre habrá que calibrar la *intensidad* y la *duración* de la misma.

El resentimiento fisiológico o reactivo puede convertirse en patológico a fuerza de volver a él una y otra vez, no siendo capaz de superarlo y de enfrentarse con la vida llenándola de contenido.

2. *El resentimiento patológico* no parte de situaciones marcadamente injustas, no es la consecuencia de algo real y objetivo por lo que uno se ha sentido dolido, desplazado, etc., sino que se asienta sobre un tipo especial de personalidad: ególatra, hipersensible, con una desorbitada necesidad de ser estimado y considerado por los demás... Alguien incapaz de reconocer las propias limitaciones y de luchar por alcanzar un mayor nivel con el esfuerzo personal.

Uno de los subtipos de esta modalidad lo encontramos en la envidia. *La envidia es tristeza y pesadumbre ante el bien ajeno*. Pues bien, ¿cuándo se convierte la envidia en resentimiento? Cuando aquello que otro posee y que nosotros no tenemos lo atribuimos a algún tipo especial de injusticia. Esto se refiere tanto a lo que esa otra persona tiene, como a lo que a uno le falta, o incluso a la combinación de ambos. Es entonces cuando se originan en el interior de ese hombre envidioso deseos de tomarse la justicia por su mano.

Es cierto que en la vida habitual existen injusticias continuas. La misma justicia, lo que se entiende por tal en cada nación o Estado, está plagada justamente de lo contrario, de injusticias. Desde estos dos tipos de injusticias —legales y cotidianas— pueden brotar dos especies distintas de resentimiento.

En muchos casos se trata de un desmedido deseo de poder, de querer cada vez más en todo... pero sin base para conseguirlo. En esas circunstancias es fácil que prosperen continuos sentimientos de insatisfacción, impresiones de haber sido lesionado en las propias aspiraciones, etc. Todo ello desencadenará lo que constituye la esencia psicológica del resentido: *sentimientos de descontento y de sentirse herido, que una y otra vez son reactivados y vuelven sobre sí mismos, ante ciertos estímulos recordatorios*. Poco a poco se van a ir asociando a aquellos los sentimientos de venganza, de ajuste de cuentas, de poner las cosas de otro modo a como han quedado. El razonamiento se formula así: «Me has hecho mucho daño con tu manera de actuar, y lo pagarás antes o después, sea como sea».

Comienza, de este modo, un planteamiento que pretende justificar un punto de partida erróneo. A esto le llamamos los psiquiatras *deformación catatímica de la realidad*, que quiere decir, en *román paladino*, que el cristal con el que observamos la vida es el de nuestro particular estado de ánimo, con el cual deformamos lo que vemos a veces en exceso.

El triunfo de la voluntad perseverante

Cuando el resentimiento echa raíces fuertes a veces es capaz de motivar un tipo de vida que solo cesa cuando se apaga *la sed de revancha* que lleva dentro esa persona. En tales casos, se llegan a posponer hasta los proyectos, poniéndose esta motivación en un primer plano, cuya detonación puede ocurrir años después de los hechos que lo hicieron germinar, y que en un momento determinado dan cumplida cuenta de la venganza que guardaban. Los años de espera y el minucioso análisis de las circunstancias y los pormenores que rodearon esas situaciones concretas frecuentemente convierten hechos traumatizantes en pasiones dominantes de desquites. De ahí que la actitud más habitual del resentido sea la de estar contenido, sujeto, tenso, siempre al acecho. Por eso, sus formas de operar pueden ir desde el descrédito público a la descalificación permanente, pasando por la opresión y el fanatismo. *Todo resentido alberga un poderoso deseo de estimación.*

Lo opuesto, la otra vertiente del problema, es la generosidad y la bondad. El hombre bueno todo lo disculpa, todo lo tolera, no tiene en cuenta lo malo; es un sembrador de paz y armonía. Se me puede decir que esto es difícil y costoso. Estoy de acuerdo, pero casi el mismo empeño que pone el resentido en su pasión por vengarse puede poner el hombre maduro en pasar por encima de esas experiencias dándoles la vuelta.

La relatividad del éxito y del fracaso

El éxito y el fracaso son dos grandes impostores. Ninguno de los dos me acaba de convencer, pues desempeñan un papel más en relación a nuestro exterior que al interior. En la psicología moderna interesa más el primero que el segundo. Pocas veces se estudia el fracaso y el valor de las derrotas. *El fracaso es un elemento esencial para la maduración de la personalidad, si se sabe aceptar de forma adecuada.* La vida humana está tejida de aciertos y errores, de cosas que han salido como se habían proyectado y de otras que no han llegado a buen puerto. *La conducta humana se va haciendo más madura a través de un juego progresivo de aprendizajes* y, por lo general, se aprende más con los fracasos que con los triunfos. O, por lo menos, tan importantes son los unos como los otros.

¿A qué llamamos fracaso?, ¿en qué consiste? Podemos definirlo así: *experiencia interior de derrota como consecuencia de algo que no ha salido bien.* Es la conciencia que tenemos de no haber alcanzado la meta propuesta. Lo que se siente de forma inmediata es negativo y está surcado por una mezcla de tristeza y desazón interior. ¿Qué características psicológicas tiene este fracaso?

1. Lo primero que se vive es una *reacción de hundimiento*. En ella se alinean una mezcla de frustración, melancolía, rabia contenida y malestar interior, muchas veces presididos por sentimientos indefinibles o sensaciones negativas.

2. Lo segundo que sucede es lo que llamamos hoy en la psicología moderna una *respuesta cognitiva*, que es una especie de examen interior que pretende desmenuzar el porqué de ese resultado. Son una serie de ideas y pensamientos que elaboran un análisis subliminal de los hechos, del que somos inconscientes y al que nos vemos inclinados una y otra vez.

3. Después va aflorando una respuesta de *paralización*, trabada de sorpresa, perplejidad, bloqueo, no saber qué hacer... Si el asunto en cuestión es grave, esa persona suele estar acompañada por personas que ayudan, con su compañía y su palabra, a hacer más llevadera la situación.

4. Es muy importante *el tema*. Ya lo mencioné al hablar de los *traumas de la vida*. El fracaso será más o menos sentido según el tema por el que sintamos haber fracasado o fallado.

La patria del hombre son sus ilusiones. La vida debe ser siempre anticipación y porvenir. Cada uno de nosotros es un proyecto concreto que hay que lanzar y relanzar continuamente. Porque el hombre es, sobre todo, lo que va a ser su futuro. Esa es la dimensión capital, aunque apoyada y vertebrada sobre el pasado; para que los objetivos vayan saliendo, para que todos los planes se lleven a cabo, hay que tener unas metas claras y bien configuradas, y ser capaces de renunciar a la dispersión, que es uno de los enemigos constantes. Y, después, comenzar a luchar. *La voluntad es la pieza decisiva que nos lleva al dominio de nosotros mismos*. Porque la consecución del éxito es ya algo distinto, depende de muchas variables y, además, hay que matizar qué es, en qué consiste y a qué llamamos éxito. Pero ahí está la lucha: *La vida de cada hombre es una lucha constante entre uno mismo y la realidad*.

Cuando hay fracasos, brota el desaliento, y a veces se abandona la meta y se da uno por vencido. En la otra cara de la moneda están el tesón y la insistencia, el no rendirse, sino remontar las dificultades con nuevos bríos; es decir, poner la voluntad por medio, una vez que esta ha sido educada en una trabajosa labor de tiempo y esfuerzo. Es el momento de *volver a las pequeñas contabilidades:* al *haber* y *debe*, y con visión de futuro.

Me interesan los perdedores que han sabido asumir su derrota y levantarse de nuevo. Es grande ver a un hombre crecerse ante el fracaso y empezar de nuevo su pelea. Llegará el día —si insiste con tenacidad, a pesar del cansancio— en que se vaya haciendo una persona fuerte, recia, sólida, firme, compacta, igual que una fortaleza amurallada. Alguien que por encima de la tempestad que ensordece o del oleaje vibrante y amenazador, sabe que su rumbo está claro: *llegar a conseguir los ideales que estimularon su vida en los comienzos*.

Los hombres de vuelo superior

En esta brega, con estos afanes, se reinventa un campo mil veces trillado: *con una voluntad fuerte y educada, no hay empresa que se resista. Ahí se inician los hombres de vuelo superior*, que no son los que siempre vencen, sino los que saben levantarse, aquellos que tienen *capacidad de reacción*, sabiendo sacar pequeñas lecciones de los pequeños acontecimientos de la vida diaria. Dice el refrán castellano que «nadie escarmienta en cabeza ajena»; pero a veces, ni en la propia. Así es la condición humana. Hay que abrir bien los ojos y aprender la sabiduría de la vida, al compás de los sucesos que nos acontecen, adquiriendo un conocimiento profundo que nos ayuda a actuar de la mejor manera.

La vida es la gran maestra. Ella enseña más que muchos libros, ejemplifica más que nada. De ello se deriva la enorme importancia de la *motivación* por un lado, y de la *ilusión* por otro: la primera *mueve, empuja, arrastra, transporta con fuerza hacia delante y nos proyecta con vigor;* la segunda es *entusiasmo, anhelo por subir esas cimas y alcanzar la meta, anticipación de los objetivos... porque la ilusión afecta en gran parte al proyecto personal.*[2] Estos dos arbotantes, *motivación e ilusión*, tienen un papel cardinal en la puesta en marcha y en

---

2. Mientras el joven está lleno de *posibilidades*, el adulto está repleto de *realidades*. Cuando uno tiene pocos años y está empezando, *todo es posible*, muchas cosas aparecen ante sus ojos y se hace necesario escoger, elegir, porque hay que quedarse con alguna carta concreta. Pero no se puede abarcar demasiado.

En el hombre maduro, con el paso de los años, ya hay elementos de juicio para analizar y valorar. Se puede hacer *balance* y *contabilidad* de la vida. Pero *el hombre es un animal descontento*, porque tiene limitaciones por doquier. No olvidemos esto.

No se puede vivir sin ilusiones. Incluso diría más: *la ilusión es un termómetro que mide el nivel de nuestra esperanza.*

la perseverancia de la *voluntad*. Forman un *tríptico* notable y singular que ayuda a analizar muchas vidas y conocer lo que ha pasado con ellas y cuáles son sus bases o directrices.

Motivación, ilusión y voluntad son primordiales para combatir con tantos y tan pequeños temas, cuestiones y circunstancias que reclaman nuestra atención y denuedos. *El hombre que tiene bien educada su voluntad está siempre ardiendo, es como un fuego que abrasa sin quemar y que ilumina todo lo que contempla.* Séneca, en su libro *Sobre la felicidad*, nos dice: «Ser feliz, sentirse feliz, no es otra cosa que tener el propio espíritu contento y satisfecho». Schopenhauer, más pesimista, dice que la voluntad es deseo de poder, pero que una vez alcanzado el objeto que se pretende, se puede uno preguntar: ¿y ahora qué? Es una tragedia, ya que eso no proporciona plenitud. Llega a afirmar con una frase lapidaria lo siguiente: «La vida es un negocio que no cubre gastos [...] se muestra como un continuo engaño, en lo pequeño y en lo grande. Ha prometido, pero no cumple». Vemos como esta visión carece de trascendencia, que es lo que le da a la vida humana una óptica de elevación.

En el pensamiento clásico (Sócrates, Platón, Aristóteles, así como sus antecesores los jónicos, los pitagóricos y los sofistas griegos como Protágoras y Gorgias) hay un *ritornello*, que es la doctrina de los *trascendentales*. Esta clama por la unidad entre lo bello y lo bueno, lo verdadero y lo justo, la ciencia y la virtud. El mismo Platón insistió en la estrecha relación entre inteligencia y voluntad, aunque en la existencia humana tantas veces vayan cada una por su lado.

Ese hombre con voluntad, que está siempre en vela, difí-

cilmente se desmoronará si sabe lo que quiere y adónde va. Incluso en los peores momentos, hay un rescoldo de esperanza bajo esas cenizas. Ahí comienza la necesidad de *volver a empezar*, que hace grande a la persona, la enrecia y la conduce a retomar el hilo de sus argumentos.

Ya lo he comentado con anterioridad: *la voluntad tiene dos orillas: una está compuesta por la motivación y la ilusión; la otra, por el orden y la constancia.* Por eso, yo cambiaría la pregunta: ¿qué piensas?, por otra más decidida y vectorial: *¿qué quieres conseguir?*, ¿qué pretendes? Es un cambio de orden, de la concepción previa, pero que facilita las cosas.

capítulo doce

Trastornos de la voluntad

Las enfermedades psíquicas y la voluntad

Llegamos a un apartado propio de un tratado de psiquiatría: las alteraciones psicológicas que se pueden producir en la *voluntad*. Pero quiero hacer una observación previa: la voluntad es uno de los temas olvidados por la psicopatología y la psiquiatría, ya que aparece como algo marginal, periférico y escasamente estudiado. La razón es la siguiente: se la ha hecho depender de la afectividad, la inteligencia, los impulsos, etc.

La voluntad es aquella facultad capaz de impulsar la conducta y dirigirla hacia un objetivo determinado, contando con dos ingredientes básicos: la motivación y la ilusión, como ya he mencionado en páginas anteriores.

Rafael Alvira[1] retoma el tema de la voluntad, bastante descuidado por la tradición filosófica, para situarlo en las coor-

---

1. Véase su libro *Reivindicación de la voluntad*, Eunsa, Pamplona, 1988.

denadas del pensamiento actual, considerando que la *inteligencia* y la *voluntad*, conocer y querer, son dos modalidades distintas, pero convergentes, del pensamiento moderno. Es la voluntad la que nos eleva de lo pasajero a lo temporal. Polaino Lorente[2] subraya que la voluntad está implicada tanto en el autocontrol como en la autoposesión: «Gracias a ella el hombre aprende a flexibilizar y a retrasar su conducta impulsiva y adquiere el hábito de decir que no». Se ha venido manteniendo la idea de que *memoria, entendimiento y voluntad eran las tres potencias del alma*. La voluntad es el capitán del barco, la memoria es el cuaderno de bitácora y el entendimiento es el mapa, el plano sobre el que diseñar la travesía.

En toda enfermedad psíquica existe un menoscabo, una disminución de la voluntad. Cito las más representativas y frecuentes: los *trastornos depresivos mayores*, en los que la falta de voluntad se manifiesta de forma considerable y especialmente en las fases agudas; la *ansiedad*: desde *los ataques de pánico* hasta los estados de *ansiedad generalizada*, cuya intensidad va a depender de la fisonomía del cuadro clínico y de los factores externos. Y, en menor medida, los *trastornos de la personalidad:* aunque no es lo mismo ser histérico que tener una personalidad por evitación o esquizotímica.

No olvidemos que *la voluntad tiende a la organización adecuada de las decisiones y de la conducta*, y que está estructu-

---

2. Véase dos libros suyos: *Psicología patológica*, UNED, Madrid, 1992; y *Las depresiones infantiles*, Alhambra, Madrid, 1989. Para él los trastornos de la voluntad deben inscribirse en *la patología de la decisión humana*.

rada de acuerdo con dos factores principales, sus verdaderos resortes o puntos de apoyo: la *motivación* y la *ilusión*.

La motivación, el *motus*, que arrastra, mueve, estimula y conduce a la actuación, comporta una cierta representación de la meta o de aquello que se persigue como fin concreto. *La motivación es una cualidad específica del hombre, en la que este se retrata:* hay una *elección personal previa*.

Frente a ella están lo que yo llamaría las *apetencias*, que brotan del *deseo*, y que no surgen de uno mismo, sino de la atracción del entorno exterior, y se relacionan más con el mundo de las sensaciones. *Los* motivos *configuran más el proyecto y, de alguna manera, aspiran a la mejora personal; mientras que las* apetencias *responden a algo momentáneo, que puede incluso frenar el proyecto o comprometer la libertad personal... aunque eso sea difícil de ver al principio*. De ahí que sea tan fácil torcer una vida.

El comportamiento se mueve en una dialéctica estímulo-respuesta, medios-fines. El fin o la meta es el estímulo para ponerse a funcionar. *Si la motivación es elevada, engrandece a la persona y sirve como punto de referencia para continuar, para ser constante*. Entonces, la voluntad se desliza por unas coordenadas que aun siendo costosas en los comienzos, se vencen a medida que se aprende con pequeños vencimientos.

El síndrome apático-abúlico-asténico

Hay una enfermedad psicológica que cobija en su seno tres notas parecidas, pero diferentes cuando las analizamos pormenorizadamente, y que constituyen una sintomatología que origina el síndrome mencionado en el epígrafe de este apartado.

Apatía significa etimológicamente *falta de afectividad* o lo que es lo mismo, una resonancia sentimental casi nula, como si alguien careciera de sentimientos.[3]

La apatía se define como una indiferencia absoluta y que paraliza todo el campo de la afectividad. Está caracterizada por la desidia, el abandono, la pasividad, la frialdad; en una palabra, la insensibilidad para captar todo lo humano... Todo se mueve hacia la inercia, el aburrimiento y la ambigüedad.

La *abulia* es esencialmente un estado vinculado al campo de la voluntad y que puede definirse así: *falta o disminución muy acusada de la voluntad*, aunque la disminución de la misma es más correcto llamarla *hipobulia*. La actividad no se dirige a ningún punto, no hay meta que alcanzar, porque se está supeditado a una situación en la que lo más importante es la *desmotivación*. Es decir, *no estar motivado es un estado psicológico comparable a estar deprimido, ya que conduce a un desinterés envolvente, que va a encaminarse hacia el abandono del proyecto personal en sus distintos apartados*. La desmotivación es una actitud gélida que conduce a la falta de acción; es la indefinición por excelencia de las acciones

---

3. Como ya he comentado en el capítulo VIII, «Educación sentimental», las cuatro experiencias afectivas más importantes son: los sentimientos, las emociones, las pasiones y las motivaciones. La forma habitual como cursa esta educación es por los carriles que le trazan los *sentimientos*. Pero el motor es siempre la *motivación*. Entre ellos hay relaciones recíprocas muy sutiles.

que se encaminan hacia algún punto. La voluntad tiene siempre una referencia prospectiva. *Es anticipación y elección a la vez*. Pues bien, en la abulia todos estos rasgos aparecen quebrados y sin resortes.

Por último, la *astenia*, que puede ser definida como *un cansancio anterior al esfuerzo*. El cansancio tiene dos aspectos: uno físico, que se produce tras una laboriosidad excesiva, y otro psicológico, que es sobre todo subjetivo y que no depende de las tareas llevadas a cabo, ni de estar fatigado por dicho afán. Cuando hablamos de una persona asténica, nos referimos a alguien que se levanta sin energía, sin vigor, que está extenuada.

Los tres estados definidos en el síndrome apático-abúlico-asténico pueden tener dos orígenes: factores *físicos y psicológicos*. En el primer caso pueden ser muchas las enfermedades que den lugar a ello: bien de estirpe *neurológica*, o bien referidas a la *medicina general*. Aquí alinearíamos muy distintos cuadros clínicos, desde problemas metabólicos a infecciones, pasando por enfermedades degenerativas, hasta aquellas otras más comunes que frenan el nivel de actividad. Siempre, a la hora de estudiar a una persona que muestra alguna de estas características —*apatía, abulia o astenia*— hay que ver la posibilidad de descartar la existencia de una base clínica. Cuando esto no se confirma, entonces hay que pensar en una etiología psicológica, en la que entran distintos rasgos que deben ser considerados detalladamente. Veamos la siguiente historia clínica.

Se trata de una chica de Madrid, de 19 años, la segunda de cuatro hermanos. Viene a la consulta a regañadientes; la traen sus padres porque no estudia, no hace nada y desde siempre ha sido una chica de poca voluntad, lo que se ha manifestado en una escolaridad deficiente.

Inteligencia. Su capacidad intelectual general, tanto en el sentido del razonamiento práctico como en la comprensión verbal, está dentro de los límites normales. Su exposición verbal es escasa y su razonamiento abstracto tiene poca entidad, dada la poca afición que ha tenido a la lectura (su padre es un buen profesional liberal, pero muy poco culto; la madre es ama de casa y su bagaje cultural está centrado en dos temas: leer revistas del corazón y ver la televisión).

Personalidad. Inmadura. Soñadora, poco realista con lo que ha hecho hasta ahora y con su futuro. Tendencia a la pasividad, al abandono y a la desidia. Solo hace lo que le gusta o le apetece. No tiene casi inquietudes culturales: ha leído tres o cuatro libros en su vida. Su base en este campo es muy poco sólida. Está acostumbrada a no esforzarse, pues sus padres le han dado todo, nunca le ha faltado de nada... hasta ha tenido estudios fuera para aprender francés e inglés... aunque habla estos idiomas mínimamente: mantiene pequeñas conversaciones no demasiado complejas.

Es bastante sociable, aunque siempre dentro de una marcada superficialidad. Inestable: cambia mucho de estado de ánimo y pasa de estar más o menos bien a venirse abajo. Insegura, acomplejada, caprichosa, con un fondo bueno en su conducta... Este humor fluctuante es su rasgo esencial. Sus padres lo destacan con insistencia: se deprime, se vuelve irritable, tiene reacciones eufóricas y está dotada de una susceptibilidad enorme...

Es desordenada, inconstante, poco sólida a la hora de hacer algo. Va y viene en sus metas y también en sus criterios. Simpática, abierta, comunicativa, coqueta.

Ahora las relaciones en su casa han empeorado y se muestra agresiva con sus padres, llega de madrugada y no explica dónde ha estado. Ha empezado muchas cosas, pero las abandona enseguida. Se derrumba ante las dificultades.

Los padres han elaborado un informe previo a la primera visita, a petición nuestra, en el que nos preguntan si esto «es una enfermedad psicológica que se cura con pastillas». Están muy preocupados. Ella, la consultante, se encuentra prácticamente ajena a la preocupación de sus padres... y piensa que se exagera con todo lo suyo.

Estamos ante una *persona sin voluntad*. Tras realizar un estudio psicobiográfico y escuchar la información de los padres, observamos que estos han cometido un frecuente error: a su hija le han dado de todo en exceso, nunca le ha faltado de nada. «Nosotros hemos querido lo mejor para ella y lo que no tuvimos nosotros en nuestra juventud, se lo hemos querido dar a ella.» Aquí arranca parte del problema.

Ella, «la consultante a la fuerza», *nunca ha tenido que luchar demasiado para conseguir algo*, pues siempre ha obtenido todo lo que ha querido o necesitado sin tener que esforzarse. Es decir, *no ha entrenado la voluntad, no la ha puesto en acción*, y esto ha ido llevando, con el paso del tiempo, a tener una *voluntad virgen*, puesto que no ha habido necesidad de luchar y de sembrar con tesón y constancia. Esa falta de entrenamiento ha sido a largo plazo definitiva para su personalidad, hasta conducirla a una inmadurez grave, que hace presagiar males mayores.[4] Aquí estamos claramente ante una *abulia psicológica*. En algunos de estos casos, la psicoterapia no es fácil, pues elevar *el nivel de propuestas de conducta* choca con la *filosofía del «me apetece»*, que consiste en haber hecho casi siempre solo lo que le ha gustado, lo que ha resultado más fácil y menos exigencia haya supuesto. Así se traza un estado psicológico que será difícil de modificar hacia otro más positivo.

---

4. Siendo siempre frío y cartesiano en el análisis, esta *falta de voluntad* que ahora se presenta como ausencia de proyecto y poca capacidad para tener metas y conseguirlas, tendrá a la larga unos resultados negativos en su trabajo profesional aún por determinar y en la vida conyugal. En el primero, no doblará el cabo de sus propias posibilidades, instalándose en una posición sin pretensiones. En la segunda, será una candidata a la separación conyugal, pues no hay que perder de vista que la convivencia de la pareja es el tema en donde es más importante poner en acción la voluntad.

En resumen, con los datos que tenemos, si no cambia con la ayuda de la psicoterapia que se va a iniciar y toma conciencia de sus carencias, su experiencia será zigzagueante y fracasará en los tres o cuatro aspectos más determinantes que impone la vida a todo ser humano. Vuelvo al argumento que ha sido un *ritornello* a lo largo de todo este libro: *una voluntad educada lo puede casi todo.*

Igual que la soberbia suele nacer de una imagen falsa de uno mismo, la falta de voluntad se ha ido alimentando a base de no creer en las propias posibilidades y abandonarse ante el primer revés. Quien aprende a conocerse y sabe sus *aptitudes* y *limitaciones*, pero se arriesga con retos personales concretos, que desafían su fragilidad, llegará a lo que se proponga. El que empieza, tiene la mitad conseguida.

La persona caprichosa

Es más aconsejable ejercitarse a través del esfuerzo y las dificultades que hacerlo en un peligroso *dolce far niente* interminable, que irá conduciendo a tener una personalidad sin argumentos, débil y con la que no se llegará demasiado lejos.

La persona caprichosa es incapaz de mantener ninguna propuesta seria de cara al futuro. ¿Cuáles son sus principales características?, ¿qué elementos la definen?, ¿cuál es su perfil psicológico? Lo primero que hay que puntualizar es que alguien se vuelve caprichoso poco a poco, no de forma momentánea, de hoy para mañana. Una persona acumula muchos factores: errores en la educación por parte de los padres, sobre todo si ha existido una protección excesiva; el consentimiento de absolutamente todo cuando se es pequeño; la falta de motivación para tener pequeños objetivos de lucha… y muchas veces, el mal ejemplo de los padres, que actúa como un potente deseducador; por otra parte, también influyen los fallos personales que ya se inician al final de la infancia y que van a ir escorando la conducta hacia posturas bastante negativas: una comodidad excesiva, seguir la ley del mínimo esfuerzo para las tareas escolares, la falta de generosidad en el día a día en la familia, la inapetencia, la pereza, la indolencia para tener orden en las cosas que se utilizan habitualmente… y un largo etcétera.

En definitiva, son muchas las cosas que se han descuidado hasta ir alcanzando esa actitud que forma al ser caprichoso. Su perfil es el siguiente: *no está dispuesto a renunciar a los deseos inmediatos, no tiene hábito para los esfuerzos con-*

cretos y frecuentes, lo quiere todo en el momento... No sabe negarse nada.

Ya hice una atenta alusión a la diferencia entre *desear y querer*,[5] actitudes en que los deseos no están basados en causas razonables, sino sujetos a una permanente variación: ahora apetece esto y luego aquello otro, y más tarde se pretende aquella cosa que

---

5. Véase el capítulo VI, «Voluntad y proyecto personal», pág. 103 y ss. *Los deseos brotan de las apetencias*, pero no nacen de una determinación personal, que mejora y de alguna manera hace progresar el proyecto, sino que lo que se busca es algo que apetece de entrada, aunque no sea positivo ni valioso.

El querer arranca de la motivación, de algo atractivo que empuja hacia delante y que conducirá a una mejora personal. Esa es la gran empresa de la educación: enseñar a distinguir una de otra. Porque la raíz de la conducta motivada está en *saber elegir*, lo cual debe estar dirigido hacia la elaboración y cultivo de los valores.

El *deseo* se relaciona con lo inmediato y su búsqueda es rotativa y cambiante, agotándose pronto y necesitando un continuo *revival*, una reactivación incesante. El *querer* aspira a valores mediatos (lejanos), no busca tantas sensaciones vertiginosas, sino que está centrado en ir logrando peldaños del proyecto personal. *Mientras el* querer *atrae, el* deseo *distrae; uno hace madurar, el otro es un pasatiempo que entretiene, pero hace perder forma y tensión para la lucha, porque produce dispersión.*

Dice el texto clásico: «Animo imperavit sapiens, stultus serviet» (El hombre sensato gobernará sus pasiones, el necio será esclavo de ellas). Hoy, al jugar con las palabras, estas quedan a merced de las modas, y muchas veces a la libertad personal la llamamos liberación y al no ser dueño de uno mismo, emancipación.

En el libro XIII de los *Anales*, de Confucio, se cuenta que Tzu-Lu le hizo al gran maestro la siguiente pregunta: «Si el señor de Wei le llamara para que se hiciera cargo de la administración de su reino, ¿cuál sería la primera medida? "La reforma del lenguaje", le respondió». La manipulación de los términos es hoy un ingrediente importante en esta ceremonia de la confusión. Hay que recuperar el auténtico sentido de las grandes palabras, como amor, libertad, alegría, placer, etc.

acaba de aparecer ante los ojos... hay una mudanza constante. ¿Por qué? Por dos motivos: uno, porque *no se sabe bien lo que se quiere*; y otro, *porque no se está educando en el valor de la renuncia*, ya que demasiadas veces se ha dicho *que sí* a todo lo que pide paso y apetece. Este ceder permanente produce un cierto horror a lo que supone una cierta exigencia. El resultado va a ser el siguiente: ese rumor tantas veces escuchado interiormente del «No puedo», «Para qué tanta lucha», «La gente no se complica tanto la vida», «Espera a mañana para empezar tus esfuerzos»... Ese rumor, al agigantarse, *se va convirtiendo en un tirano que obliga a llevar a cabo lo que le viene en gana, la inclinación del instante, sin saber esperar y sin saber continuar.*

El sujeto caprichoso *es inmaduro, débil y posee una base deficitaria para cualquier trabajo serio que signifique fortaleza para poder vencer la resistencia de su desidia, apatía y dejadez.* Esta persona no sabe que todo lo que tiene valor cuesta conseguirlo. Todo lo grande que el hombre alcanza es fruto de una tenacidad valiente.

La empresa de ascender y llegar hasta la mejor cima personal está centrada en esa regla de oro de la educación: repetir actos positivos, para acostumbrarnos a aspirar a lo más valioso, aunque cueste. La fuerza de voluntad se consigue a base de *un conjunto de hábitos buenos*, que una y otra vez se han ido abriendo camino, para llevar a cabo lo deseado, aquello que antes o después será más favorable.

La *gana* es la forma vulgar del *deseo*, una veleta que gira según la dirección del viento del momento: hoy va hacia allá y después, hacia acá, y más tarde se detiene. El que tiene la voluntad férrea es capaz de hacer lo que se propone hoy o mañana. *Quien tiene una voluntad frágil no decide por sí mismo, sino que hay algo o alguien que decide por él.* Y esto tiene traducciones concretas a lo largo de la vida cotidiana: una persona se ha acostumbrado a comer sin restricciones y raramente prescinde de algo, porque le cuesta, e incluso le produce tristeza cuando no sucede como quiere; el estudiante poco avezado en hacer planes de estudio no acaba de sentarse en la mesa de trabajo delante de los libros, hace cualquier cosa, menos eso; a quien tiene mal carácter y quiere llevar siempre la razón le cuesta mucho que le corrijan y no admite la menor injerencia en su conducta. Estos ejemplos son botones de muestra de lo que irá siendo poco a poco una persona caprichosa.

A fuerza de decir a todo que sí y de permitírselo todo, una persona se va transformando en alguien sin sujeción a las normas o reglas; es alguien arbitrario, inconstante en sus objetivos, sin propósitos claros ni firmes. *Vive a su antojo, con un ansia de cosas cambiantes y rotatorias, presididas por una curiosidad sin fundamento.* Una locura de la conducta que va a resultar ridícula cuando se analice con objetividad, pues camina hacia la constitución de una personalidad muy *sui géneris*: *frívola, superficial, variable en sus gustos y orientaciones, que se parece al niño mimado, consentido, malcriado, voluble, echado a perder para cualquier empresa humana de cierta envergadura.* Una persona realmente de poco valor, que casi todo lo que emprenda irá mal, si no es capaz de corregirse y aprender con sus fracasos. Todas estas incorrecciones se manifestarán en los *cuatro aspectos fundamentales del proyecto vital:* en el personal tendrá una *personalidad pueril y arbitraria;* en el afectivo será *incapaz de construir una pareja estable;* en el profesional *no doblará el estrecho de Magallanes de sus verdaderas posibilidades;* y en el cultural, *se caracterizará por una mediocridad donde la televisión y la ley del mínimo esfuerzo lo llenen todo.*

Este es el retrato del caprichoso. Los psiquiatras sabemos que corregir a una persona así puede llegar a ser casi imposible, salvo que se produzca un fracaso monumental, de gran envergadura, que despierte del letargo e ilumine el desastre de sus planteamientos. No es fácil salir de ese estado y, al final, se pagan todos los errores juntos, hilvanados por el mismo hilo: *el deseo vehemente de haber hecho siempre lo que apetecía*, perdiendo la cabeza por seguir la ruleta de los estímulos inmediatos. El caprichoso debe iniciar el *réquiem* por vencerse en lo pequeño, por dominarse en las cosas de cada día; si no cambia, no hará en la vida nada que merezca la pena, pues irá tirando, que es la peor manera de funcionar.

Volvemos a la otra cara de la moneda. *La voluntad templada en la lucha es una disposición activa para sobreponerse y alcanzar triunfos concretos y no muy costosos.* Es necesario el entrenamiento; como en toda ascensión, lo válido es ir dando pasos por el camino trazado y recomenzar siempre que sea necesario, volviendo sobre la *motivación* y la *ilusión*, que siempre están en la base de la meta. Repito: *avanzar poco a poco, atravesando baches y dificultades, aunque momentáneamente esté lejos la meta o la cumbre.* Quien se lance en esta dirección verá que se trata de una experiencia fantástica, irá descubriendo muchas dimensiones ignoradas de su vida y se dará cuenta de sus verdaderas posibilidades. Si persiste, estará muy cerca de la felicidad.

capítulo
trece

La belleza interior

Itinerario: del asombro a la contemplación

La *belleza interior* es lo que hace diferente a un hombre de otro; es decir, la esencia de la mujer y del hombre íntegros. Es algo que se capta desde el exterior y que nos deja fascinados, gratamente sorprendidos y con ganas de conocerla. Tiene una tonalidad difusa, vaga, indefinida, de contornos desdibujados, que empuja a investigar qué hay detrás de esa primera impresión.

El concepto de *intimidad* (del latín *intimus*) se refiere al espacio interior, recóndito, donde circulan las vivencias: significa *zona espiritual reservada de la persona*. Es el núcleo más propio y personal de cada uno. Ya Platón en sus *Diálogos* dice que la naturaleza de lo bello va desde lo sensible exterior a lo subjetivo, hasta ascender al mismo nivel lo bello y lo bueno. En el pensamiento platónico, la ética y la estética están íntimamente relacionadas y de ahí brota el verdadero amor, como deseo del bien y de la belleza.

Aristóteles distingue tres formas de conocimiento: teórico, práctico y retórico (poesía). La belleza pertenece al plano teórico. Lo bello es ordenado, tiene proporción, hay una buena relación entre el todo y las partes. En el análisis de cualquier realidad hay dos vertientes: la realidad y la apariencia, lo externo y lo interno, lo que se ve y lo que permanece escondido.

En la Ilustración, cuando la razón desplaza al mundo sentimental, la belleza es la apreciación intelectual de algo que produce una emoción de gozo, por su grandeza, singularidad o hermosura. El idealismo alemán ponía *lo verdadero, lo bueno y lo bello* en un mismo nivel de importancia, constituyendo la trilogía del hombre superior. Para el pensamiento romántico, que recorre gran parte del siglo XIX, la belleza es la manifestación de lo verdadero. Dicho en otros términos: la felicidad como máxima aspiración de la condición humana no se da en el superhombre de Nietzsche, sino en el hombre verdadero: aquel que se esfuerza por ser coherente.

La belleza interior no puede ser definida con facilidad, ya que se distingue por impresiones subjetivas agradables, en las que se aprecian la armonía y cierto equilibrio entre los distintos componentes que forman al ser humano. Desde fuera, se nota que hay algo sugerente por descubrir en esa persona; dan ganas de adentrarse en sus inciertos paisajes interiores, para obtener la clave del cómo es su dueño.

Los psiquiatras somos los que examinamos y analizamos las superficies humanas; nos interesa descubrir lo que hay bajo las apariencias: bajamos, como el geólogo, a las profundidades de la intimidad ajena, para explorar territorios intransitables desde el exterior.

El hombre es el único ser vivo capaz de albergar dos tipos de belleza. En los animales, sin embargo, podemos admirar la riqueza de su funcionamiento fisiológico —desde el aparato digestivo al reproductor, pasando por el sistema nervioso o el mecanismo de defensa tan sofisticado que poseen—, pero no la belleza interior, muy distinta a la nuestra. Esta belleza, nosotros debemos perseguirla a través de la coherencia de vida, mezclada con paz interior, equilibrio psicológico, espiritualidad, sencillez, distinción, espontaneidad, y una trayectoria biográfica sugestiva y ejemplar. Todo eso conduce a hacer de una persona alguien atractivo, con grandeza interior.

Esa persona nos deja fascinados, seducidos; pero no se trata de esa seducción prefabricada del asesor de imagen y de conductas externas, que pretende que su cliente se presente ante sus electores ofreciendo una panorámica personal buena, mediatizada, pensando en quedar bien y ser votado. Aquí se trata de algo muy distinto. Hablamos de una persona de categoría, una especie de libro positivo abierto, que nos arrastra a imitarle y a elevar su consideración ante nosotros. No nos deja indiferentes, al contrario, se torna interesante y queremos saber qué hace con su vida, cómo la interpreta, cuáles son sus puntos de referencia y qué piensa sobre las grandes cuestiones de la existencia: el sufrimiento, el fracaso, la decepción, el amor, la alegría, etc. En una palabra, qué respuestas da al sentido de la vida. Las palabras mueven, pero el ejemplo arrastra. *A la belleza física se une el atractivo psicológico y el espiritual.* El mejor aliado que puede presentar el hombre debe estar constituido por esas tres notas, del mismo modo que el hombre del Renacimiento se guiaba por *la razón, la norma y la trascendencia*. Estas cualidades se remontaban a unas raíces importantes, como la tradición griega, el mundo romano y el pensamiento cristiano. Su descripción fenomenológica está hecha con los siguientes materiales: armonía consigo mismo, integridad, coherencia, orden interior, amplitud de perspectivas, capacidad para anticiparse a los hechos, humanidad, preocupación por el hombre como persona, autenticidad y esfuerzo por dominar la parcela animal que hay en todos nosotros. Como dice el Talmud judío en un célebre proverbio, hay tres grandes tipos humanos: el hombre sabio, que domina sus pasiones; el hombre prudente, que aprende de todos con amor; y el hombre honrado, que trata a todos con dignidad.

La belleza apolínea y dionisíaca

La belleza exterior es fácil de descubrir; en cambio, la interior necesita una cierta capacidad psicológica, además de la posibilidad de pensar en ella. La primera es apolínea y física, la segunda dionisíaca y metafísica.

La hermosura externa constituye el primer estímulo para acercarse a alguien, sobre todo si se trata de una persona de sexo contrario; la interna va a ser la raíz que dará solidez y constancia para poder mantenerse enamorado. Porque no olvidemos que es bastante fácil enamorarse, pero difícil y complejo mantenerse enamorado, con un amor profundo, buscando cualidades duraderas, que le den una elegancia tejida de distinción y finura. *Hay que aspirar a algo grande, permanente, que no decaiga con el paso del tiempo.* Una persona enamorada mantiene la frescura y la lozanía del que tiene argumentos para crecerse en la dificultad y en el espíritu de superación para vencer los fracasos y remontar de nuevo el vuelo.

De ahí que esta persona llegue a ser como una ciudad amurallada: fuerte, sólida, resistente, que no se desalienta ante los reveses, ni se hace soberbio con el éxito. Porque *siempre hay buen viento para el que sabe adónde va.*

Muchos hombres se enamoran de las bellezas externas y lo mismo ocurre con ciertos galanes, que sin conocer a fondo a la otra persona se lanzan al vacío, lo cual trae después consecuencias muy negativas. *La belleza de una mujer perdió a muchos hombres; ante ella, uno es turista, buscador de exteriores y poco más.* Actualmente las revistas del corazón son las que más nos propagan este tipo de belleza externa de las mujeres. Nos las presentan como mágicas, a través de sus más diversas andanzas, generalmente centradas en una vida sentimental rota. Estas noticias promueven un estilo de vida que se extiende con rapidez, como medio de evasión, algo para pasar el rato y nada más, pero que en la actualidad tiene una influencia cada vez más creciente. Las consecuencias de todo ello las tenemos hoy bien a la vista.

Una persona bella por dentro tiene ideales; aspira siempre, a pesar de la corriente, a lo mejor; sabe a qué atenerse, tiene criterio y pilota su vida como una verdadera brújula y no como una veleta; no tolera que se la manipule y se resiste a ser manejada por los tópicos que existen a su alrededor y que muchos aceptan sin pensar. En una palabra: uno quiere ser *persona, alguien* singular y no *algo* movido por los vientos exteriores; ha sabido dar a su vida soluciones satisfactorias, sacando lo mejor de sí mismo, luchando a pulso con la realidad. Ha sabido ponerse en claro consigo mismo.

Nos sumergimos así en el conocimiento de un personaje que merece la pena conocer en tiempos de bonanza o en momentos de peligro. Su balance existencial, en cualquier etapa de su vida, es siempre positivo. Ha visto pasar ante él un sinfín de situaciones, que han ido perfilando su estado interior; pero a través de esa variedad la existencia personal sigue mereciendo la pena, al haberse depositado en su fondo una lectura coherente y esforzada, en donde permanece aún la ilusión de llegar a la mejor cima posible.

Si a una cara hermosa y a un cuerpo esbelto se une una valiosa psicología y espiritualidad, estamos ante un ser humano superior: posee una buena integración entre los distintos segmentos que tiene la vida. Emerge, así, una persona fecunda, que se conoce a sí misma y en quien el orden, la constancia, la voluntad, la alegría y, por encima de todo, el amor, laten en su seno de forma bien articulada. *La belleza interior es el castillo que guarda el tesoro de la armonía y la serenidad.*

La voluntad de mejorar nuestra vida

He comentado en las páginas anteriores el carácter de insatisfacción que posee la mejor de las vidas: siempre es incompleta y provisional, pero, asimismo, puede llegar a ser más positiva, mejorando alguno de sus ingredientes para darle más plenitud. Además de por los descontentos y las dificultades, el hombre debe luchar con la voluntad para mejorar y cambiar lo que no va bien y estimular lo que comienza.

El hombre auténtico es la persona verdadera que procura ser coherente y que, a su vez, cultiva y selecciona lo más valioso para aplicarlo en su vida. Así se hace fuerte, rico, armónico... casi eterno o con valores vitales perdurables. Para ello se necesita claridad de ideas, una mente despejada y conocerse uno a sí mismo, para saber lo que se debe quitar y lo que sería bueno *añadir* para alcanzar cimas personales, retos concretos. No olvidemos que *casi siempre se desea lo que no se tiene;* la realidad de cada uno es esa y debemos tener cuidado con esto. Pero lo que está claro es que si exploramos nuestras posibilidades a la luz de la voluntad, sabiendo que una vez entrenada estará bien dispuesta para ponerse a trabajar, todo resultará más sencillo. Se deben saber las metas y las pretensiones que deseamos.

El *estudiante*, por ejemplo, tiene como deber aprender a aprovechar el tiempo, y esto comporta planificarse correctamente, estudiar con orden, luchar por vencer las distracciones, sacarles más partido a las clases que recibe o hacer esquemas y resúmenes que le sinteticen parte de las asignaturas. Así mejorará en su proyecto personal. En el *joven profesional* que está empezando en el mundo del trabajo, quizá todo dependa de que vaya recibiendo una formación en su disciplina cada vez más fuerte, para que los cimientos de su tarea tengan consistencia: leer libros de actualidad, procurar estar al día, hacer cursos que amplíen sus conocimientos, etc.

En *cualquier persona* hay siempre campos de atención más o menos permanentes. Pensemos en la *vida afectiva*, hoy tan denostada, falsificada, cosificada. Cuando uno es capaz de revisar esta dimensión, a nivel personal, como exploración íntima, con seguridad encontrará elementos para pulir o mejorar sus cualidades. Puede ser que se trate del *trato afectivo* diario: ahí entra de lleno intentar vencer el propio carácter, procurar hacer algo más por las personas que están cerca, conocerlas mejor para establecer unas relaciones más humanas y cordiales.

Estas luchas del día a día son extrapolables a las *relaciones conyugales*, donde las posibilidades son muy amplias. El aprendizaje para adquirir una mejor comunicación de pareja consiste en saber superar los momentos tensos, tener el don de la oportunidad, vencer la susceptibilidad propia o tener detalles pequeños positivos, olvidándose uno de sí mismo. Pueden parecer cosas fútiles, nimiedades, pero *la vida conyugal se mantiene gracias a las pequeñeces que la fortalecen y protegen, siempre que exista un acuerdo común de fondo en los grandes temas*. Cuando alguien se ríe de esto y descuida las cosas insignificantes en apariencia, comete un serio error, que a la larga pagará.

Demasiadas veces nos quedamos en la puerta, no entramos. *La belleza exterior sin la interior, a la larga, es algo hueco, vacío, cansino, aburrido*. No es extraño que muchas personas, tras las separaciones conyugales de las llamadas «bellezas oficiales», después escojan a otra en la que la importancia de la estética —el tipo y la cara— estén en segundo plano. *La belleza exterior deslumbra unos instantes, pero no ilumina más adelante.* Los cínicos aborrecían la belleza del cuerpo.[1] Los griegos utilizaban dos palabras: *soma*, cuerpo, y *sema*, tumba o cárcel del alma. Para la filosofía griega, la belleza del cuerpo implicaba también la del alma. Actualmente sabemos que esto hay que ponerlo en tela de juicio, pues con mucha frecuencia entre ambas formas de belleza hay una escisión.

La obra más completa del hombre, su objetivo más importante, es su propia realización personal. Pero el hombre contemporáneo está muy roto, solo es positivo en alguno de sus fragmentos. A diario vemos situaciones como las siguientes: un gran abogado está separado de su mujer y las relaciones con sus hijos no son buenas; una mujer casada, afectuosa, equilibrada y buena madre de familia, que ha tenido medios suficientes, se ha abandonado culturalmente y toda su riqueza intelectual son las revistas del corazón y algunos programas de televisión pseudoculturales. *El hombre completo es una vieja aspiración que sirve de puente hacia la belleza interior.* Aquí debemos hablar de *alguien* que merece la pena analizar, porque es ejemplar, atractivo y se nos presenta —sin él pretenderlo— como una roca firme, un faro que ilumina y que obliga a repensar nuestros criterios.

---

1. La fábula nos cuenta como la zorra envidia la belleza corporal de la pantera, pues la suya es espiritual. En el pensamiento antiguo, la belleza se unía a la divinidad. Y fue el cristianismo el que puso de relieve como, a través de las criaturas bellas, ascendemos a la belleza suprema de Dios.

La belleza interior parece que nos elude, que juega con nosotros al escondite: aparece y desaparece, pero tenemos una mezcla de intuición y/o certeza de que la captamos a través de algunas manifestaciones exteriores que nos ponen sobre su pista. Cuando la voluntad llega a constituir una segunda naturaleza, que actúa en las áreas más diversas de la conducta, transforma a la persona y la engalana con sus actitudes. Estamos a las puertas de una belleza que va echando sus raíces hacia el interior.

capítulo
catorce

Decálogo de la voluntad

Rousseau y Freud: dos visiones confusas

Voy llegando al final de este recorrido analítico sobre qué es y en qué consiste la voluntad y cómo se puede conseguir que esta sea mayor y se afiance. Nadie está vacunado para poder decir que ya tiene suficiente o que esta ha prendido bastante en los mecanismos de su psicología. La vida da muchas vueltas. La confusión de ideas que en la actualidad existe es un producto de la época que anuncia el final de una civilización, cuya expresión definitoria es la ausencia de voluntad. *El hombre actual queda fascinado por la comodidad, que ha llegado a ser un nuevo ideal.* De hecho, en Estados Unidos, los denominados *libros de autoayuda psicológica* tienen bastante gancho: cómo hablar en público, cómo triunfar en los negocios, cómo hacer amigos, cómo aprender inglés en quince días, cómo superar las frustraciones de la vida sin traumas… la lista podría hacerse interminable.

Rousseau, en dos célebres libros suyos, *Discurso sobre el origen de la desigualdad entre los hombres* y *Emilio o de la educación*, afirma que la civilización ha envilecido al hombre y que hay que permitir casi todos sus comportamientos, salvo aquellos que vayan claramente contra las normas sociales vigentes o sean contrarios al hombre. El problema está en delimitar con exactitud cuáles son esos comportamientos que desvían al hombre actual. Sus pretensiones pedagógicas se dirigen hacia una *permisividad* que comienza en el siglo XVIII y que, más tarde, ha ido adquiriendo una amplitud que hace desequilibrarse a este hombre. La voluntad —dice Rousseau— está cautiva cuando se la sujeta, se debe hacer lo que uno quiera... En una palabra, su discurso se decanta en la línea de no mostrar preferencia por nada de forma definitiva, con lo que se cae en el *relativismo*. Es decir, que *permisividad y relativismo forman un dúo muy negativo para fomentar hábitos que afirmen la voluntad*. Casi todo está envuelto en un *clima de neutralidad*, que conduce a la indiferencia y que está muy próximo la apatía, uno de los trastornos de la voluntad que ya hemos mencionado.

Freud, en distintas obras suyas y a lo largo del desarrollo del psicoanálisis, menciona la *represión* como un mecanismo de defensa neurótico, contraponiéndolo a otro, la *sublimación*, esto es, la capacidad de renunciar por algo más excelente que se consigue a largo plazo. Cuando todo camina hacia la realización del deseo, quebrar la voluntad es algo que puede repercutir negativamente en la salud psicológica de quien lo practica. En su libro *La interpretación de los sueños*, Freud dice: «Los sueños son la realización de los deseos ocultos y estos tienen en el sexo su máximo exponente». Ahora, con la aparición del sexo mercantilizado, el ser humano queda reducido a un *animal de consumo sexual*, pero esto no ha conducido a una mayor libertad entendida en su acepción más completa, ni ha hecho más feliz al hombre. Igualmente, en su libro *Tres ensayos sobre la teoría sexual*, considera que el sexo es el factor causal y motivacional subyacente de toda neurosis. Más tarde, ampliaría estas ideas, buscando el papel de la vida sexual en la psicología.

Ambos, Rousseau y Freud, han ayudado a que el tema de la voluntad adquiera mala prensa, aunque otras corrientes psicológicas posteriores a Freud han seguido en la misma línea. No obstante, el llamado *funcionalismo de la escuela de Harvard*[1] ha seguido una orientación diferente. Hoy el tema tiene una óptica más amplia a través de otros movimientos psicológicos.[2]

---

1. Algunos de los psicólogos más importantes de esta escuela son Skinner y Allport. Skinner, con su teoría de la conducta operante, retoma el tema de la importancia de la voluntad, mediante lo que él llamó «la educación programada». Su concepto de *refuerzo* es la base de cómo fomentar la voluntad: aquel estímulo que eleva la probabilidad o frecuencia de una conducta. Allport diseñó unos «modelos de crecimiento de la personalidad» basados en la motivación.

2. La *Escuela de Columbia* tiene en Cattell, Thorndike, Woodworth y Murphy sus máximos exponentes. Sus principales teorías o fundamentos son: la psicología *cognitiva* inspirada en el modelo del ordenador, el *estructuralismo* inspirado en los trabajos de Titchener y la psicología japonesa experimental de Fujitani, Motora y Matsumoto, que culmina con una inspiración *zen* en Morita y Koji Sato.

Diez reglas de oro para educar la voluntad

Es difícil, tras estudiar el tema de la voluntad desde perspectivas tan diversas, intentar concretar para ofrecer unas pautas específicas que no sean simples *recetas de cocina*, pues al atravesar la frontera entre la teoría y la práctica, entre las ideas y su aplicación, hay un trecho difícil de salvar. No obstante, voy a tratar de esquematizarlas.

1. *La voluntad necesita un aprendizaje gradual, que se consigue con la repetición de actos en donde uno se vence, lucha y cae, y vuelve a empezar.* A esto se llama en psicología *hábito*. Dicho en otros términos: hay que *adquirir hábitos positivos* mediante la *repetición de conductas, de forma deportiva y alegre*, que van inclinando la balanza hacia comportamientos mejores, más maduros y que, a la larga, se agradecerán, pero que, en las primeras etapas, cuestan mucho trabajo, puesto que la voluntad está aún en estado primario, sin dominar.

2. *Para tener voluntad hay que empezar por negarse o vencerse en los gustos, los estímulos y las inclinaciones inmediatas.* Esto es lo realmente difícil. Es más fácil explicar los mecanismos por donde hay que dirigir la voluntad, que ponerse uno a funcionar, aplicando las teorías y los argumentos. Esto es: *toda educación de la voluntad tiene un trasfondo ascético*, sobre todo cuando se empieza. La labor de los padres en esta tarea es decisiva: deben —con mucha sabiduría— *hacer atractiva la responsabilidad, el deber y las exigencias concretas.* De otra parte, están los educadores:

deben guiar al alumno hacia la *verdad* y la *libertad*, ligadas estrechamente.[3] Hay un puente que va de la primera a la segunda. La voluntad es liberadora. ¿En qué consiste ser libre? ¿Qué es liberarse? Significa poder moverse sin coacciones, haciendo lo que uno quiere, eximiéndose de obstáculos y dependencias que distraigan del mejor trayecto personal. *La voluntad libera e inicia el vuelo hacia la realización del proyecto personal y de la felicidad.* Ahora bien, hay que hacer la siguiente pregunta: ¿cuál es el nivel del proyecto y a qué cosas nos referimos cuando hablamos de felicidad? La respuesta no es otra que indagar en *los argumentos de nuestra existencia*, ya que estos constituyen el alma de nuestra vida como anticipación y programa de la misma. La vida humana es una tarea que se mueve entre dos polos: adecuar los *deseos* a la *realidad*. Por eso *la felicidad no consiste en vivir bien y tener un excelente nivel de vida, sino en saber vivir.* Es fre-

3. El concepto de verdad se quiebra en distintas laderas: la verdad de las cosas, de las circunstancias que nos rodean y la verdad como hipótesis de trabajo (verdad prospectiva).

Tres lenguas han influido decisivamente en la formación del pensamiento europeo: el griego, el latín y el hebreo, y en cada una de ellas encontramos tres palabras sobre este concepto: *aletheia*, *veritas* y *emunah*, respectivamente.

Vivir en la verdad personal es tener criterios y obrar consecuentemente. Dicho en otras palabras: el hombre incoherente, que conoce esas reglas de conducta, pero, por los motivos que sean, no las sigue, no es consecuente con ellas.

Es cierto que cuando hay voluntad se está más dispuesto para luchar y vencerse, puesto que voluntad es disposición activa para hacer algo adelantando resultados.

cuente captar esto cuando la vida se acaba. Es una lástima darse cuenta de ello cuando se está a punto de amarrar la propia barca en la otra ribera.

Liberación no es hacer lo que uno quiere o seguir los dictados inmediatos de lo que deseamos, sino vencerse en pequeñas luchas titánicas para alcanzar las mejores cimas del propio desarrollo. La supresión de obligaciones y de constricciones exteriores, el abandono de los grandes ideales y retos, dejarse llevar por los estímulos del momento... puede proporcionar cierta tranquilidad en un corto plazo, sobre la marcha, pero muy pronto deja al descubierto las carencias de esa personalidad.

Pensemos en la *liberación sexual*,[4] que ha pretendido borrar todas las inhibiciones, situando al hombre rumbo a *la utopía de los paraísos perdidos y los sueños roussonianos.* Se anunciaba así un mundo futuro abierto, liberal, pluralista, de más ricos horizontes. Pero los resultados que tenemos a la vista son unos modelos de comportamiento aberrantes en los que la sexualidad, degradada, se ha convertido en bien de consumo, instrumentalizando al otro en el sexo. *La*

---

4. Este tema cabalga entre diversas corrientes, desde las ideas ya superadas del psicoanalista Wilhelm Reich, a la llamada «civilización del eros» de Marcuse, o a la «permisividad» de Van Ussel, pasando por las ideas más positivas de Allport o Maslow sobre *el amor personal*, hasta llegar a la psicoterapia humanista de Rogers o al misterio de la sexualidad con serio enfoque antropológico de Gustave Thibon, Jean Guitton, Joseph Pieper o García Hoz.

La vida sexual es una pieza que *integra* o *desintegra* al hombre, según la manera de vivirla. En ella se alberga una trilogía integrada por los aspectos corporal, psicológico y espiritual.

liberación que trae la voluntad consiste en apartar obstáculos, allanar el camino para hacer lo que se había programado, ir consiguiendo que los sueños se hagan realidad poco a poco. Es evidente que todo depende del fin, del punto de mira, de aquello hacia lo que apuntemos. Esto se resume en la célebre frase de Nietzsche: «No te pregunto *de qué* eres libre, te pregunto *para qué* eres libre». O, como consta en aquel libro de Bernanos: «La libertad: ¿para hacer qué?».

3. *Cualquier aprendizaje se adquiere con más facilidad a medida que la motivación es mayor.* Estar motivado implica estar preparado para apuntar hacia el mejor blanco. *El ejercicio de luchar por nuestros objetivos se estira más gracias a la fuerza de los contenidos que los mueven.* Lo expresaré de otra forma: el que no sabe lo que quiere, el que no tiene la ilusión de alcanzar algo, difícilmente tendrá la voluntad preparada para la lucha. Esta regla sugiere muchas cosas a la vez. Por una parte, el viejo tema del *modelo de identidad*, esa lección abierta que otro nos da y nos invita a imitarlo. Tenerlo presente es empezar a andar de forma correcta y correr tras la verdadera libertad. Como dice Daniel Inenarity:[5] «Libertad como pasión significa superar el reduccionismo de una libertad solo centrada en aspectos formales, comprada al precio de una perpetua indecisión [...]. Una libertad profunda es aquella que se realiza, se hace vida, decide y compromete [...] conservando la propia superiori-

5. Véase *Libertad como pasión*, Eunsa, Pamplona, 1992.

dad moral». Es decir, que todo progreso humano que se hace de espaldas a unas normas morales acaba mal. *El hombre superior es el hombre espiritual que ve a los demás como personas, no como peldaños.*[6]

Por otra parte, hay que saber descubrir lo que yo llamaría en la actualidad *valores de recambio*, que de algún modo se circunscriben alrededor de los grandes motivos del hombre. Son nuevos motores que iluminan con su fuerza el proyecto personal: la democracia, los valores de la Ilustración, el pluralismo bien entendido, la solidaridad, así como una visión supranacional de los problemas actuales.

4. *Tener objetivos claros, precisos, bien delimitados y estables.* Cuando esto es así y se ponen todas las fuerzas en ir hacia delante, los resultados positivos están a la vuelta de

6. Dice el Talmud: «El hombre sabio es el que trata a todos con dignidad». Estamos atravesando una época de *represión espiritual*: en muchos ambientes todo lo que suene a espiritualidad está mal visto, no se lleva, no engancha... Pero es un bastión decisivo del ser humano.

Vivimos en la *apoteosis de lo fugaz, la exaltación del instante, la idolatría del sexo* y como resultado de ello *la indiferencia por saturación de contradicciones*, y, a su vez, *la fascinación caleidoscópica* del querer estar en todas partes, no decir que no a nada y pretender jugar a todas las bandas y posiciones... es *el relativismo de la levedad y la dispersión*. Un ser humano superdébil, a quien hay que seguir para poder certificar su triste final.

En tales casos solo hay voluntad para alcanzar dinero, sexo, poder, éxito a cualquier precio o las versiones actuales de mejorar permanentemente el nivel de vida, el bienestar, la seguridad... La felicidad no consiste solo en eso, pues hay muchas personas que viven así y no son felices. *La felicidad es estar haciendo algo grande con la vida, algo que la llene y que vaya más allá de los propios intereses.*

la esquina, y no tiene cabida la dispersión de objetivos, ni tampoco querer abarcar más de lo que uno puede. Por eso produce mucha paz aplicarse en esos propósitos, siendo capaz de apartar todo lo que pueda distraernos o alejarnos de las metas. *Querer es pretender algo concreto y renunciar a todo lo que distraiga y desvíe de los objetivos trazados.*[7]

5. *Toda educación de la voluntad tiene un fondo ascético, especialmente en sus comienzos.* Hay que saber conducir las ansias juveniles hacia una meta que merezca realmente la pena. Ahí es donde resulta decisiva la tarea del educador por un lado, y la de los padres, por otro. Hay una observación complementaria que quiero hacer, una vez llegados a este punto: las grandes ambiciones, las mejores aventuras, brotan de algo pequeño, que crece y se hace caudaloso a medida que la lucha personal no cede, no baja la guardia, insistiendo una y otra vez. En el alpinismo, por ejemplo —tarea que se parece mucho al fortalecimiento de la voluntad—, lo impor-

---

7. Véase Polaino Lorente, *Dimensiones motivacionales y cognitivas de la voluntad*, Dossat, Madrid, 1988. Subraya la importancia del aprendizaje, sin el cual no se pueden adquirir conocimientos. «No hay educación sin aprendizaje. La educación añade algo más al mero aprendizaje, me estoy refiriendo a la educación de la voluntad. Los aprendizajes que realiza la voluntad son siempre motivados e intelectualizados... la motivación y el "conocimiento del fin" tienen aquí especial importancia.» Hace una clara referencia al *modelo conductista del aprendizaje:* cuanto mayor sea la *recompensa*, mayor será el efecto del aprendizaje, o dicho de otra manera, de la eficacia del *castigo* o de la *recompensa*, de su buena y adecuada administración, saldrá la clave para todo este proceso. «La administración de recompensas suele ser más eficaz que la de castigos, salvo cuando se busca un cambio en la emisión de la respuesta.»

tante es dar pequeños pasos hacia arriba, ir ascendiendo en la montaña no gracias a las grandes escaladas, sino merced a pequeños avances, al principio costosos y, después, ya más fáciles, una vez que se vislumbra el paisaje desde la cima.

6. *A medida que se tiene más voluntad, uno se gobierna mejor a sí mismo, no dejándose llevar por el estímulo inmediato.* El dominio personal es uno de los más extraordinarios retos que nos elevan por encima de las circunstancias. Se consigue así una *segunda naturaleza.* Uno no hace lo que le apetece, ni escoge lo más fácil y llevadero, sino que se dirige hacia lo que es mejor. Cuando la voluntad es más sólida, esa persona ya ni se plantea el cansancio que ha supuesto o sus apetencias, sino lo que sabe que será más positivo para ella de cara a los objetivos diseñados.

7. *Una persona con voluntad alcanza las metas que se había propuesto con constancia.* He comentado en las páginas que preceden lo importante que es tener presentes las piezas instrumentales de la voluntad: el orden, la tenacidad, la disciplina, la alegría constante y la mirada puesta en el futuro, en la meta. Existe hoy la tendencia a la exaltación del *modelo del ganador*, que deja en la estacada, *groggy*, a muchos perdedores en el *ring* social. Por eso, compararse con otros, fijarnos demasiado en las vidas ajenas, puede ofrecer una cara negativa, suficiente como para no disfrutar con lo que se tiene y desear lo que no poseemos.[8]

---

8. Un autor que ha trabajado a fondo en estos temas, García Hoz, publicó en 1962 un libro que fue emblemático para aquella época: *Pedago-*

8. *Es importante llegar a una buena proporción entre los objetivos y los instrumentos que utilicemos para obtenerlos;* es decir, buscar la armonía entre fines y medios. Hay que intentar una ecuación adecuada entre *aptitudes y limitaciones*, pretender sacar lo mejor que hay en uno mismo, poniendo en marcha la *motivación*, configurada gracias a las *ilusiones*, así como el orden, la constancia, la alegría y la autoridad sobre nosotros mismos, para no ceder ni un ápice en lo propuesto.

9. Una buena y suficiente educación de la voluntad es un *indicador de madurez de la personalidad*. No hay que olvidar que cualquier avance de la voluntad se acrecienta con su uso y se hace más eficaz a medida que se incorpora con firmeza en el patrimonio psicológico de cada uno de nosotros. *Una persona madura y con equilibrio psicológico ofrece un mosaico de elementos armónicamente integrados, en donde la voluntad brilla con luz propia.*

10. *La educación de la voluntad no tiene fin.* Esto significa que el hombre es una sinfonía siempre incompleta, y que haber alcanzado un buen nivel no quiere decir que se esté siempre abonado al mismo, ya que las circunstancias de la vida pueden conducir a posiciones insólitas, inesperadas, di-

---

gía de la lucha ascética. Allí exponía los elementos básicos para el esfuerzo en los temas morales, inspirado en autores españoles del Siglo de Oro (parte del XVI y XVII). Después han seguido muchas investigaciones, hasta llegar a *La práctica de la educación personalizada*, tratado donde se describen y analizan los fundamentos y las técnicas para alcanzar *la obra bien hecha*, que es la meta que propone su autor.

fíciles o que obligan a reorganizar parte de la estructura del *proyecto personal.* También hay que citar la falta de orientación de la sociedad actual, tan permisiva y con tan pocos valores de referencia, que impide ver ejemplos positivos que sirvan como *modelos de identidad.* La sociedad, tal y como está ahora, no favorece en casi nada la potenciación de la voluntad. Y mucho más difícil resulta esta potenciación con la influencia de la televisión, frente a la cual no cabe tener más que un moderado pesimismo.

BIBLIOGRAFÍA

Aristóteles, *Ética a Nicómaco*, Espasa Calpe, Madrid, 1950.

Beck, A., *Con el amor no basta*, Paidós, Barcelona, 1990.

Bell, D., *Vers la société post-industrielle*, Laffont, París, 1986.

Blackburn, I. M. y Cottraux, J., *Thérapie cognitive de la dépression*, Masson, París, 1988.

Debord, G., *Commentaires sur la société du spectacle*, Gérard Lebovici, París, 1988.

Enzensberger, H. M., *Mediocridad y delirio*, Anagrama, Barcelona, 1991.

Freud, S., *El malestar en la cultura*, Obras Completas, Biblioteca Nueva, Madrid, 1974.

— *La sexualidad*, Obras Completas, Biblioteca Nueva, Madrid, 1974.

— *Teoría de la neurosis*, Obras Completas, Biblioteca Nueva, Madrid, 1974.

Fromm, E., *El arte de amar*, Paidós, Barcelona, 1974.

García Hoz, V., *Pedagogía de la lucha ascética*, Rialp, Madrid, 1962.

— *La práctica de la educación personalizada*, Rialp, Madrid, 1988.

GLUCKSMAN, A., *Cinismo y pasión*, Anagrama, Barcelona, 1982.

GUITTON, J., *Le démon de midi*, Éditions Aubier-Montaigne, París, 1968.

— *Silencio sobre lo esencial*, Edicep, Valencia, 1991.

HERAS, J. DE LAS, *Conócete mejor*, Espasa Calpe, Madrid, 1994.

JAGOT, P. C., *El dominio de sí mismo*, Iberia, Barcelona, 1972.

LEWIS, C. S., *Los cuatro amores*, Rialp, Madrid, 1991.

LIPOVETSKY, G., *La era del vacío. Ensayos sobre el individualismo contemporáneo*, Anagrama, Barcelona, 1992.

— *La ética sin dolor*, Anagrama, Madrid, 1992.

LOCKE, J., *Carta sobre la tolerancia*, Alianza Editorial, Madrid, 1972.

LLANO, A., *La nueva sensibilidad*, Espasa Calpe, Madrid, 1989.

MADSEN, K. B., *Theories of motivation*, Munsgraard, Copenhague, 1972.

MAISONNEUVE, J., *Les sentiments*, PUF, París, 1964.

MARAÑÓN, G., *Ensayos liberales*, Espasa Calpe, Madrid, 1979.

MARÍAS, J., *Antropología metafísica*, Revista de Occidente, Madrid, 1973.

— *Breve tratado de la ilusión*, Alianza Editorial, Madrid, 1990.

MAUROIS, A., *El arte de vivir*, Alianza Editorial, Madrid, 1966.

ORTEGA Y GASSET, J., *Estudios sobre el amor*, Obras Completas, Alianza Editorial, Madrid, 1983.

— *Ideas y creencias*, Obras Completas, Alianza Editorial, Madrid, 1983.

— *Investigaciones psicológicas*, Obras Completas, Alianza Editorial, Madrid, 1983.
— *Meditaciones del Quijote*, Obras Completas, Alianza Editorial, Madrid, 1983.
OVIDIO, *Arte de amar*, Imprenta Juvenil, Barcelona, 1982.
PIEPER, J., *Las virtudes fundamentales*, Rialp, Madrid, 1976.
— *Antología*, Herder, Barcelona, 1984.
PLATÓN, *El banquete*, Aguilar, Madrid, 1989.
— *Fedro, o De la belleza*, Aguilar, Madrid, 1989.
ROJAS, E., *Una teoría de la felicidad*, Dossat, Madrid, 1981.
— *Remedios para el desamor*, Temas de Hoy, Madrid, 1990.
— *El hombre light*, Temas de Hoy, Madrid, 1992.
SAHAKIAN, W. S., *Historia y sistemas de la psicología*, Tecnos, Madrid, 1987.
SCHELER, M., *Esencia y formas de la simpatía*, Losada, Buenos Aires, 1959.
SCHOPENHAUER, A., *Estética del pesimismo*, Labor, Barcelona, 1976.
SÉNECA, L. A., *Sobre la felicidad*, Alianza Editorial, Madrid, 1980.
— *De la brevedad de la vida*, Aguilar, Madrid, 1987.
STENDHAL, *Del amor*, Alianza Editorial, Madrid, 1973.
THIBON, G., *La crise moderne de l'amour*, PUF, París, 1962.
TIERNO, B., *El libro de los valores humanos*, TESA, Madrid, 1992.
UNAMUNO, M. DE, *Diario íntimo*, Alianza Editorial, Madrid, 1969.
— *Vida de Don Quijote y Sancho*, Alianza Editorial, Madrid, 1987.

VATTIMO, G., *El fin de la modernidad. Nihilismo y hermenéutica en la cultura posmoderna*, Gedisa, Barcelona, 1987.

— *La sociedad transparente*, Paidós, Barcelona, 1990.

VOLTAIRE, *Tratado sobre la tolerancia*, Espasa Calpe, Madrid, 1964.

WILDE, O., *Epístola: In carcere et vinculis*, Muchnik Editores, Barcelona, 1984.

ZUBIRI, X., *Sobre el sentimiento y la volición*, Alianza Editorial, Madrid, 1992.

ÍNDICE ONOMÁSTICO

ÍNDICE TEMÁTICO